人力资源管理在企业可持续发展中的作用

刘同升◎著

时代文艺出版社
SHIDAI WENYI CHUBANSHE

图书在版编目（CIP）数据

人力资源管理在企业可持续发展中的作用 / 刘同升
著. -- 长春：时代文艺出版社, 2023.12
ISBN 978-7-5387-7262-3

Ⅰ.①人… Ⅱ.①刘… Ⅲ.①企业管理－人力资源管
理 Ⅳ.①F272.92

中国国家版本馆CIP数据核字(2023)第205767号

人力资源管理在企业可持续发展中的作用
RENLI ZIYUAN GUANLI ZAI QIYE KECHIXU FAZHAN ZHONG DE ZUOYONG

刘同升　著

出 品 人：吴　刚
责任编辑：卢宏博
装帧设计：文　树
排版制作：隋淑凤

出版发行　时代文艺出版社
地　　址：长春市福祉大路5788号　龙腾国际大厦A座15层　（130118）
电　　话：0431-81629751（总编办）　0431-81629758（发行部）
官方微博：weibo.com/tlapress
开　　本：710mm×1000mm　1/16
字　　数：229千字
印　　张：15.25
印　　刷：廊坊市广阳区九洲印刷厂
版　　次：2023年12月第1版
印　　次：2023年12月第1次印刷
定　　价：76.00元

前　　言

企业的竞争，说到底就是人才的竞争，在市场经济飞速发展的今天，人的因素对企业的影响至关重要。谁拥有了人才，并合理地使用、开发、储备人才，使其发挥最大的潜能和作用，谁就会在市场竞争中占据有利地位。企业要想在竞争激烈的市场上站稳脚跟，牢牢掌握企业发展的主动权，就必须掌握人才竞争的主动权。因此，加强企业战略管理视角下的人力资源管理水平，做好企业人力资源管理工作，增强企业的核心竞争力，是我国企业变革和发展的必然。

我国的经济正处于转型阶段，每个企业都在对自身运营管理模式不断地进行深化改革，人力资源在今后必将成为企业发展进程当中的重要资源之一。因此，就需要做好企业人力资源的开发，招聘大量高素质、能力强的优秀人才。提升企业员工整体的综合素质对企业单位的发展有着极其明显的作用。在企业人力资源开发改革的过程当中，企业可持续发展变革所发挥的作用也是尤为重要的，对企业未来的发展有着极大程度的影响。因此，落实和完善企业单位的人力资源管理和企业可持续发展路径构建的相关对策，是提升我国企业单位整体水平的关键之举。

本书主要研究人力资源管理在企业可持续发展中的作用方面的问题，涉及丰富的人力资源管理知识。主要内容包括人力资源管理基础知识、人力资源管理模式、人力资源管理职能的战略转型、人力资源生态系统特征、企业与人力资源生态位、企业人力资源管理角色发展、企业人力资源管理与企业核心竞争力、企业战略人力资源管理的培训体系构建、人力资源管理与企业可持续发展等。本书在内容选取上既兼顾到知识的系统性，又考虑到可接受性，同时强调人力资源管理的重要性。本书涉及面广，技术新，实用性强，使读者能理论结合实践，获得知识的同时掌握技能，理论与实践并重，并强调理论与实践相结合。本书兼具理论与实际应用价值，可供相关教育工作者参考和借鉴。

由于笔者水平有限，本书难免存在不妥甚至谬误之处，敬请广大学界同仁与读者朋友批评指正。

目　录

第一章　人力资源管理的概念以及现状

第一节　人力资源 ……………………………………………………… 001

第二节　人力资源管理 ………………………………………………… 005

第三节　人力资源管理的渊源和演变 ………………………………… 008

第四节　现代人力资源管理与传统人事管理 ………………………… 018

第五节　人力资本与人本管理 ………………………………………… 020

第二章　人力资源基本管理模式

第一节　绩效管理 ……………………………………………………… 026

第二节　薪酬管理 ……………………………………………………… 034

第三节　劳动关系管理 ………………………………………………… 039

第四节　国际人力资源管理 …………………………………………… 047

第三章　人力资源管理职能的战略转型与优化

第一节　人力资源管理职能的战略转型相关研究 …………………… 054

第二节　人力资源管理职能的优化 …………………………………… 074

第四章　人力资源生态系统特征研究

第一节　人力资源生态系统复杂适应性特征 …………… 096

第二节　人力资源生态系统稳定性 …………………… 105

第三节　人力资源生态系统演化 ……………………… 110

第四节　人力资源生态系统健康 ……………………… 123

第五章　企业和人力资源生态位

第一节　生态位相关研究 ……………………………… 129

第二节　企业生态位 …………………………………… 136

第三节　人力资源生态位 ……………………………… 141

第四节　人力资源生态位宽度、重叠 ………………… 142

第五节　人力资源生态位构建 ………………………… 148

第六章　企业人力资源管理角色发展研究

第一节　人力资源管理角色的内涵 …………………… 154

第二节　人力资源管理角色研究的理论依托 ………… 158

第三节　企业人力资源管理角色发展的策略 ………… 166

第七章　人力资源管理与企业核心竞争力

第一节　企业核心竞争力的内涵及理论框架 ………… 171

第二节　人力资源管理与企业核心竞争力的关系 …… 177

第三节　加强人力资源管理提升企业核心竞争力的策略 ………… 184

第八章　企业战略人力资源管理的培训体系构建

第一节　人力资源培训理论 …………………………… 198

第二节　大型企业战略人力资源培训作用与原则 …… 200

第三节　大型企业人力资源培训现状及问题剖析 …… 202

第四节　基于企业战略与员工素质的大型企业员工培训模型研究 … 203

第九章　人力资源管理与企业可持续发展

第一节　人力资源管理与企业可持续发展概述 ……………………… 211

第二节　人力资源管理与企业可持续发展的关系 …………………… 216

第三节　人力资源管理与企业可持续发展对策 ……………………… 224

参考文献 ……………………………………………………………… 232

第一章　人力资源管理的概念以及现状

第一节　人力资源

一、人力资源的基本概念

按《辞海》的解释，资源是指"资财的来源"。从经济学角度看，资源是指为了创造财富而投入生产活动中的一切要素，并可划分为自然资源、资本资源、信息资源、人力资源和间接资源五大类。在人类经济活动的不同阶段，资源的重要性各不相同。在农业社会，人类的生产活动围绕土地进行，经济分配以土地的占有量为基础，劳动者的体力消耗和以土地为代表的自然资源的消耗促成了经济的发展；在工业社会，人们开始以使用机器的资源开采和制造业为中心的生产经营方式，自然资源和资本资源成为推动经济发展的最主要因素；在信息时代和知识经济背景下，以知识为基础的产业上升为社会的主导产业，经济社会的发展依赖于信息的获取和知识的创造，信息资源和人力资源成为经济发展的重要推动因素。在当今竞争激烈的社会里，人力资源无疑成为推动社会经济发展的重要资源。

在学术上，"人力资源"最早是由美国著名的管理学家彼得·德鲁克于1954年在其著名的《管理实践》一书中提出来的。在该著作中，德鲁克引入了"人力资源"的概念，并且指出人力资源与其他所有资源相比，最重要的区别就是主体是人，并且是管理者必须考虑的具有"特殊资产"的资源，也是最未有效使用的资源。

在中国，许多专家和学者对于人力资源也给出了明确的定义。如郑绍濂认为，人力资源是"能够推动整个经济和社会发展的、具有智力劳动和体力劳动能力的人们的总和"。

我们认为，人力资源是指从事组织特定工作活动所需的并能被组织所利用的所有体力和脑力劳动的总和。它既包括现实的人力资源，即现在就可以使用的、由劳动适龄人口中除因病残而永久丧失劳动能力外的绝大多数适龄劳动人口和老年人口中具有一定劳动能力的人口构成的人力资源；也包括潜在的人力资源，即现在还不能使用但未来可使用的、主要由未成年人口组成的人力资源。

人力资源质量表现为以下几方面：①体力，即劳动力的身体素质，包括健康状况、营养状况以及耐力、力量、敏捷性等体能素质；②智力，即劳动力的智力素质，包括记忆力、理解力、判断力、想象力及逻辑思维能力等；③知识技能，即劳动者的文化知识素质，它以教育程度、技能水平等来衡量；④劳动态度，即劳动者的劳动价值观及职业道德，如劳动动机、劳动态度、劳动责任心等。

人力资源数量和质量是密切相关的两个方面，一个国家和地区的人力资源丰富程度不仅要用数量来计量，而且要用质量来评价。对一个企业而言，人力资源的数量是基础，质量是关键。企业需要在人力资源规模上谋求一定的规模效益，但在规模达到一定程度之后要把着力点迅速转移到提高人力资源的质量上来。尤其在当今知识经济背景下，人力资源的质量远比数量重要。人力资源的质量对于数量有较强的替代性，而数量对于质量的替代作用则较弱，有时甚至无法替代。

相比于世界上其他国家，我国拥有庞大的人力资源数量，但在质量上还有待提高。随着信息时代和知识经济的到来，社会经济的发展对于人力资源的质量提出了更高的要求。我国应当加大对教育的投入，不断提高国民的基本素质和知识技能水平，以应对国际竞争与挑战。

二、人力资源与其他相关概念的关系

人力资源概念与人口资源、劳动力资源和人才资源等概念相关。

人口资源，是指一个国家或地区的总体人口，它是其他有关人的资源的基础，表现为一个数量概念。

劳动力资源，是指一个国家或地区具有劳动能力并在劳动年龄范围内的人口总和，即人口资源中拥有劳动能力并在法定劳动年龄段的那一部分。

人才资源，是一个国家或地区中具有较强的专业技术能力、创造能力、管理能力和研究能力的人的总称，是人力资源中的高端人群。

相比之下，人力资源强调人们所具有的劳动能力，它超过了劳动力资源的范围，涵盖了全部人口中所有具有劳动力的人口，包括现实的和潜在的劳动力资源。

人口资源、人力资源、劳动力资源和人才资源四者之间存在包含关系和数量基础关系，人口资源和劳动力资源侧重人的数量和劳动者数量。人才资源突出人口的质量，而人力资源强调人口数量和质量的统一。

三、人力资源的基本特征

由于人本身所具有的生物性、能动性、智力性和社会性，决定了人力资源具有以下基本特征：

（一）人力资源的能动性

人力资源的首要特征是能动性，是与其他一切资源最本质的区别。一切经济活动首先都是人的活动，由人的活动才引发、控制、带动了其他资源的活动。自然资源、物质资源及人力资源等在被开发的过程中完全处于被动的地位，而人力资源的开发与利用，是通过拥有者自身的活动来完成的，具有能动性。这种能动性主要表现在人们的自我强化、选择职业和劳动的积极性等方面。人的自我强化，是指人通过学习能够提高自身的素质和能力，可以通过努力学习、锻炼身体等积极行为，使自己获得更高的劳动能力。人力资源通过市场来调节，选择职业是人力资源主动与其他资源结合的过程。积极劳动或劳动积极性的发挥是人力资源发挥潜能的决定性因素。因此，开发和管理人力资源不仅要关注数量、质量等外特性问题，也要重视如何调动人的主观能动性，发挥人的劳动积极性问题。

（二）人力资源的再生性

经济资源分为可再生性资源和非再生性资源两大类。非再生性资源最典型的是矿藏，如煤矿、金矿、铁矿、石油等，每开发和使用一批，其总量就减少一批，不能凭借自身的机制加以恢复。另一些资源，如森林，在开发和使用过后，只要保持必要的条件，可以再生，能够保持资源一定的数量。人力资源也具有再生性，它基于人口的再生产和劳动力的再生产，通过人口总体内个体的不断更替和"劳动力耗费—劳动力生产—劳动力再次耗费—劳动力再次生产"的过程得以实现。同时，人的知识与技能陈旧、老化也可以通过培训和再学习等手段得到更新。当然，人力资源的再生性不同于一般生物资源的再生性，除了遵守一般生物学规律之外，它还受人类意识的支配和人类活动的影响。从这个意义上来说，人力资源要实现自我补偿、自我更新、持续开发，就要求人力资源的开发与管理注重终身教育，加强后期的培训与开发。

（三）人力资源的角色两重性

人力资源既是投资的结果，又能创造财富；或者说，它既是生产者，又是消费者，具有角色两重性。人力资源的投资来源于个人和社会两个方面，包括教育培训、卫生健康等。人力资源质量的高低，完全取决于投资的程度。人力资源投资是一种消费行为，并且这种消费行为是必需的，先于人力资本的收益。研究证明，人力资源的投资具有高增值性，无论从社会还是从个人角度看，都远远大于对其他资源投资所产生的收益。

（四）人力资源的社会性

人处在一定的社会之中，人力资源的形成、配置、利用、开发是通过社会分工来完成的，是以社会的存在为前提条件的。人力资源的社会性，主要表现为人与人之间的交往及由此产生的千丝万缕的联系。人力资源开发的核心，在于提高个体的素质，因为每一个个体素质的提高，必将形成高水平的人力资源质量。但是，在现代社会中，在高度社会化大生产的条件下，个体要通过一定的群体来发挥作用，合理的群体组织结构有助于个体的成长及高效地发挥作用，不合理的群体组织结构则会对个体构成压制。群体组织结构在很大程度上又取决于社会环境，社会环境构成了人力资源的大背景，它通过群体组织直接或间接地影响人力资源开发，这就给人力资源管理提出了要求：既要注重人与人、人与团体、人与社会的关系协调，又要注重组织中团队建设的重要性。

第二节　人力资源管理

一、人力资源管理的含义

人力资源管理作为企业的一种职能性管理活动的提出，最早源于工业关系和社会学家怀特·巴克于 1958 年发表的《人力资源功能》一书。该书首次将人力资源管理作为管理的普遍职能来加以讨论。美国著名的人力资源管理专家雷蒙德·A·诺伊等在其《人力资源管理：赢得竞争优势》一书中提出，人力资源管理是指影响雇员的行为、态度以及绩效的各种政策、管理实践以及制度。美国的舒勒等在《管理人力资源》一书中提出，人力资源管理是采用一系列管理活动来保证对人力资源进行有效的管理，其目的是实现个人、社会和企业的利益。加里·德斯勒在《人力资源管理》一书中提出，人力资源管理是为了完成管理工作中涉及人或人事方面的任务所需要掌握的各种概念和技术。迈克·比尔则提出人力资源管理包括会影响公司和雇员之间关系的（人力资源）所有管理决策和行为。

综上界定，人力资源管理是指根据企业发展战略的要求，有计划地对人力资源进行合理配置，通过对企业中员工的招聘、培训、使用、考核、激励、调整等一系列过程，调动员工的积极性，发挥员工的潜能，为企业创造价值，确保企业战略目标的实现。这些活动主要包括企业人力资源战略的制定、员工的招募与选拔、培训与开发、绩效管理、薪酬管理、员工流动管理、员工关系管理、员工安全与健康管理等。人力资源管理的内涵至少包括以下内容：一是任何形式的人力资源开发与管理都是为了实现一定的目标，如个人家庭投资的预期收益最大化、企业经营效益最大化及社会人力资源配置最优化。二是人力资源管理只有充分有效地运用计划、组织、指挥、协调和控制等现代管理手段才能达到人力资源管理目标。三是人力资源管理主要研究人与人关系的利益调整、个人的利益取舍、人与事的配合、人力资源潜力的开发、工作效率和效益的提高以及实现人力资源管理效益的相关理论、方法、工具和技术。四是人力资源管理不是单一的管理行为，必须将相关管理手段相互配合才能取得理想的效果。

人力资源管理的基本任务是根据企业发展战略要求，吸引、保留、激励与开发企业所需人力资源，促成企业目标实现，从而使企业在市场竞争中得以生存和发展。具体表现为：求才、用才、育才、激才、护才和留才。

二、人力资源管理的功能

人力资源管理是以人为对象的管理，在某种意义和程度上，至少涉及以下五种功能。

获取。根据组织目标，确认组织的工作要求及人数等条件，从而进行规划、招聘、考试、测评、选拔与委派。

整合。通过企业文化、价值观和技能的培训，对已有员工进行有效整合，从而达到动态优化配置的目的，并致力于从事人的潜能的开发活动。

保持。通过一系列薪酬、考核和晋升等管理活动，保持企业员工的稳定和有效工作的积极性以及安全健康的工作环境，增加其满意感，从而使其安心和满意地工作。

评价。对员工工作表现、潜质和工作绩效进行评定和考核，为做出相应的奖惩、升降和去留等决策提供依据。

发展。通过员工培训、工作丰富化、职业生涯规划与开发，促进员工的知识、技能和其他方面素质的提高，使其劳动能力得到增强和发挥，最大限度地实现其个人价值和对企业的贡献，达到员工个人和企业共同发展的目的。

三、人力资源管理的特征

从人力资源管理的含义可以看出，人力资源管理具有以下几个明显的特征。

综合性，人力资源管理是一门综合性的学科，需要考虑种种因素，如经济、政治、文化、组织、心理、生理、民族等。它涉及经济学、系统学、社会学、人类学、心理学、管理学、组织行为学等多种学科。

实践性，人力资源管理的理论，来源于实际生活中对人的管理，是对这些经验的概括和总结，是现代社会化大生产高度发达，市场竞争全球化、白热化的产物。应该从中国实际出发，借鉴发达国家人力资源管理的研究成果，解决我国人力资源管理的实际问题。

民族性，人的行为深受其思想观念和感情的影响，而人的思想观念和感情则受到民族文化的制约。因此，人力资源管理带有鲜明的民族特色。

社会性，作为宏观文化环境的一部分，社会制度是民族文化之外的另一个重要因素。在影响劳动者工作积极性和工作效率的各因素中，生产关系和意识形态是两个重要因素，而它们都与社会制度密切相关。

发展性，任何一种理论的形成都要经历一个漫长的时期，各个学科都不是封闭的、停滞的体系，而是开放的、发展的认识体系。随着其他相关学科的发展及人力资源管理学科本身不断出现新问题、新思想，人力资源管理正进入一个蓬勃发展的时期。

第三节　人力资源管理的渊源和演变

一、人力资源管理的渊源

人力资源管理源于人事管理，而人事管理的起源则可以追溯到非常久远的年代。18 世纪末，瓦特蒸汽机的发明与推广引发了工业革命，改变了以前家族制和手工行会制的生产方式，并出现大量的实行新工厂制度的企业。这些企业在日益激烈的竞争环境中发展壮大，成为 19 世纪初的时代特色。竞争与发展要求这些企业进一步扩大规模，但制约其扩大规模的主要"瓶颈"却是企业主们以前从未遇到过的劳工问题。其产生的主要原因在于当时人们不喜欢也不习惯于工厂的劳动方式。工厂工作内容单一，人们一年到头都得按时上班，接受新的监督制度和按机械速度劳动，以及时时刻刻都要全神贯注等。这导致企业很难找到足够的工人，尤其是技术工人。上述劳动问题的解决措施导致福利人事概念的形成和发展。所谓福利人事，即由企业单方面提供或赞助的，旨在改善企业员工及其家庭成员的工作与生活的系列活动和措施。

同样关注劳工问题的泰勒认为，劳动组织方式和报酬体系是生产率问题的根本所在。他呼吁劳资双方都要进行一次全面的思想革命，以和平代替冲突，以合作代替争论，以齐心协力代替相互对立，以相互信任代替猜疑戒备。他建议劳资双方都将注意力从盈余分配转到盈余增加上，通过盈余增加，使劳资双方不再为如何分配而争吵。为此，泰勒提出了科学管理原则。泰勒的科学管理思想对人事管理概念的产生具有举足轻重的影响。

一方面，它引起了人们对人事管理的关注，并推动了人事管理职能的发展。

另一方面，科学管理宣扬管理分工，从而为人事管理职能的独立提供了依据和范例。福利人事与科学管理的融合使人们认识到，过去由一线管理人员直接负责招聘、挑选任命、培养、绩效考核、薪酬、奖励等工作的做法，已经不能适应企业组织规模扩大的现实。企业要做好对人的管理这项工作，必须要有相应的专业人士，这为人事管理作为参谋部门而非直线部门的出现奠定了基础。

二、人事管理的演进

早期关于人事管理的论文经常发表在《年报》（*The Annuals*）和《工程杂志》（*Engineering Magazine*）这两本杂志上。1916 年，《年报》出版专刊讨论了"工业管理中的人事和雇佣问题"。第一本以"人事管理"为书名的教科书出版于 1920 年。

20 世纪 30 年代的霍桑实验为人事管理的发展开拓了新的方向。霍桑实验证明，员工的生产率不仅受到工作设计和员工报酬的影响，而且受到社会和心理因素的影响。因此，有关工作中人的假设发生了变化，工业社会学、工业关系学、人际关系学和组织行为学等新学科应运而生，推动了人事管理的迅速发展。主要表现在以下几个方面：

工业社会学将企业作为一个社会系统，研究组织化的员工问题，并强调社会相互作用，要求在各个组成部分之间保持平衡。当这一思想被运用三人事管理领域时，员工参与、工会与管理层合作、员工代表计划等便进入了人事管理研究者与实践者的视野。

工业关系学认为，管理层与工人在关于如何分配由先进的技术化社会所创造的盈余上存在必然的矛盾，而这种工业化冲突的解决不在于人际关系，而在于克服管理层和有组织的工人之间的利益和意识形态上的冲突，工业化的和谐只有通过集体的讨价还价以及专业的工业关系专家参与才可能实现。因此，工业关系专家登上了人事管理的舞台，化解劳资冲突、集体谈判等又成为人事管理的职责。

人际关系学以管理应该更多地关心人而不是关心生产力为核心观点，强调管理的社会和人际技能而不是技术技能，强调通过团体和社会团结来重建人们的归属感，强调通过工会、参与领导以及将工厂中的正式组织与非正式组织集合起来使权力平均化。沟通成为人事管理的主要任务和必备技能，员工满意度成为衡量人事管理工作的重要标准。

组织行为学是在人际关系学的基础上形成的管理科学中的一门学科。它着眼于一定组织中的行为研究，重视人际关系、人的需要、人的作用和人力资源的开发利用。这一学科的出现对管理科学的发展产生了重要的影响，使其由以"事"与"物"为中心的管理发展到以"人"为中心的管理；由靠监督与纪律的管理发展到动机激发、行为引导的管理；由独裁式管理发展到参与式管理。它的应用成果得到了普遍的重视。进入 20 世纪六七十年代，西方涉及人事和工作场所的相关立法急剧增加，并且立法的关注点也从工会与管理层间的问题转向了员工关系。随着各项法律的出台，企业很快意识到，卷入与员工或雇佣有关的司法诉讼的花费巨大。于是，大量的律师走进了人事部，以规范直线经理管理行为的合法性，尽可能地为企业避免司法诉讼，承担起直接处理有关司法诉讼等人事管理的新职能。

20 世纪 80 年代是组织持续而快速变革的时代，杠杆收购、兼并、剥离等事件层出不穷，人事管理也进入了企业更高的层次，从关注员工道德、工作满意度转变为关注组织的有效性。高级的人事主管开始参与讨论有关企业未来发展方向、战略目标等问题，工作生活质量、工作团队组织、组织文化等成为人事管理的重要内容。

三、人力资源管理的发展与成熟

（一）西方人力资源管理的发展历史

西方学者对人力资源管理的发展阶段进行了深入的研究，提出了各自的观点。典型的理论包括六阶段论、五阶段论、三阶段论和二阶段论，它们从不同的角度揭示了人力资源管理渐进发展的历史。

1. 六阶段论

以美国华盛顿大学的弗伦奇（W.L.French）为代表，从管理的历史背景出发，将人力资源管理的发展划分为六个阶段。

第一阶段：科学管理运动阶段。

这一阶段以泰勒（Taylor）和吉尔布雷斯（Gilbreth）夫妇为代表，关注重点主要是工作分析、人员选拔、培训和报酬方案的制订以及管理者职责的划分。

第二阶段：工业福利运动阶段。

在此阶段，企业出现了福利部，设有社会秘书或福利秘书专门负责员工福利方案的制订和实施，员工的待遇和报酬问题成为管理者关心的重要问题。

第三阶段：早期工业心理学阶段。

这一阶段，以心理学家雨果·芒斯特伯格（Hugo Munsterberg）等人为代表的心理学家的研究成果，推动了人事管理工作的科学化进程。个人心理特点与工作绩效关系的研究、人员选拔预测效度的提出，使人事管理开始步入科学化的轨道。

第四阶段：人际关系运动阶段。

这一阶段的代表是梅奥等人，由他们发起的以霍桑实验为起源的人际关系运动掀起了整个管理学界的革命，也影响了人力资源管理。人力资源管理开始由以工作为中心转变为以人为中心，把人和组织看成社会系统。此阶段强调组织要理解员工的需要，这样才能让员工满意并提高生产效率。20 世纪三四十年代，美国企业管理界流行着一种"爱畜理论"，在爱畜牛奶公司的广告中说爱畜牛奶来自愉快的奶牛，因此品质优良。研究人员认为愉快的员工的生产效率会比较高，于是公司用郊游和员工餐厅等办法来试图改善员工的工作环境，提高士气，从而提高生产效率。实际上，这一理论夸大了员工情感和士气对生产效率的影响，最终实践表明，良好的人际关系可以提高生产效率的理念并不可靠。

第五阶段：劳工运动阶段。

雇佣者与被雇佣者的关系一直是人力资源管理的重要内容之一，从1842 年美国马萨诸塞州最高法院对劳工争议案的判决开始，美国的工会运动快速发展，1869 年就形成了全国的网络；1886 年，美国劳工联合会成立；大萧条时期，工会也处于低潮；到 1935 年美国劳工法案，即瓦格纳法案（Wagner Act）的颁布，工会才重新兴盛起来。罢工现象此起彼伏，缩短工时、提高待遇的呼声越来越高，出现了集体谈判。到 20 世纪六七十年代，美国联邦政府和州政府连续颁布了一系列关于劳动和工人权利的法案，促进了劳工运动的发展，人力资源管理成为法律敏感行业。对工人权益的重视，成为组织内部人力资源管理的首要任务。

第六阶段：行为科学与组织理论时代。

进入 20 世纪 80 年代，组织管理的特点发生了变化，人的管理成为主要任务。从单个的人到组织，把个人放在组织中进行管理，强调文化和团队的作用，这成为人力资源管理的新特征。

2. 五阶段论

以罗兰（K.M.Rowland）和菲利斯（G.R.Ferris）为代表的学者则从管理发展的历史角度将人力资源管理的发展划分为五个阶段。

第一阶段：工业革命时代。

第二阶段：科学管理时代。

第三阶段：工业心理时代。

第四阶段：人际关系时代。

第五阶段：工作生活质量时代。

　　王阶段论中关于前四个阶段的划分与六阶段论是一样的。此观点的独特之处，是把工作生活质量作为一个独立的阶段提出来。工作生活质量一般有两种含义，一种是指一系列客观的组织条件及其实践，包括工作的多样化、工作的民主性、员工参与、工作的安全性等；另一种是指员工工作后产生的安全感、满意程度以及自身的成就感和发展感。第一种含义主要强调工作的客观状态；第二种含义主要强调员工的主观需要。将这两种含义结合起来，工作生活质量是指员工在工作中所产生的生理和心理健康的感觉。美国的一项调查研究表明，在辞职的打字员中，有60%是由于工作枯燥无聊，而不是因为工作任务繁重而辞职的。影响工作生活质量的因素有很多，为了提高员工的工作生活质量，企业可以采取一系列措施。

　　3. 三阶段论

　　这种观点的代表是福姆布龙（Fombrun）、蒂奇（Tichy）和德兰纳（Deanna），他们从人力资源管理所扮演的角色和所起的作用这一角度把人力资源管理的发展划分为三个阶段。

　　第一阶段：操作性角色阶段。在此阶段，人力资源管理的内容主要是一些简单的事务性工作，在管理中发挥的作用并不是很明显。

　　第二阶段：管理性角色阶段。人力资源管理在这一阶段开始成为企业职能管理的一部分，承担着相对独立的管理任务和职责。

　　第三阶段：战略性角色阶段。随着竞争的加剧，人力资源在企业中的作用越来越重要，人力资源管理开始被纳入企业的战略层次，要求从企业战略的角度来思考人力资源管理的相关问题。

　　4. 二阶段论

　　国内学者从人事管理和现代人力资源管理之间的差异性角度，将人力资源管理的发展历史划分为人事管理和人力资源管理两个阶段。

　　第一阶段：人事管理阶段。人事管理阶段又可具体分为以下几个阶段：科学管理阶段；霍桑实验和人际关系运动阶段；组织行为学理论的早期发展阶段。

第二阶段：人力资源管理阶段。人力资源管理是作为替代传统的人事管理的概念提出来的，它重在将人看作组织中一种重要资源来探讨如何对人力资源进行管理和控制，以提高人力资源的生产效率，帮助组织实现目标。人力资源管理阶段又可分为人力资源管理的提出和人力资源管理的发展两个阶段。

对人力资源管理的发展阶段进行划分，目的并不在于这些阶段本身，而是要借助于这些阶段来把握人力资源管理整个发展脉络，从而更加深入地理解它。因此，对于阶段的划分并没有绝对的标准和绝对的对错。

（二）我国人力资源管理的发展历史

自中华人民共和国成立以来，我国企业管理发展经历了计划经济、经济改革两大发展阶段。人力资源管理的发展是从单一计划体制下的人事管理到目前多种所有制并存的人力资源管理，可以分为四个发展阶段。

1. 人事管理阶段

中华人民共和国成立以后，我国确定了计划经济的经济体制。与经济体制相适应，实行"统包统配"的就业制度，企业没有用人的自主权，不能自行招聘所需的人员；人员只进不出，没有形成正常的退出机制；在企业内部，对员工没有考核，大家干好干坏都一样，干多干少都一样；工资分配中存在严重的平均主义，与工作业绩和工作岗位没有任何关系。在此阶段，人事管理的主要内容是一些流程性的事务工作，如员工人事档案管理、招工录用、劳动纪律、考勤、职称评定、离职退休、计发工资等。企业人事部完全服务于国家的政策，负责国家有关政策的落实完成。内部听命于厂长或经理，外部听命于政策部门，工作技术含量很低。人事主管充其量是一个高级办事员的论断由此得来。

2. 人力资源管理阶段

自党的十一届三中全会尤其是改革开放以来，随着我国经济体制改革的不断深化，国有企业的劳动人事工作也在不断进步。1979 年，国务院颁发了《关于扩大国营工业企业经营管理自主权的若干规定》（以下简称《规定》），重新规定了企业人事管理的职责权限范围。《规定》指出，允许企业根据生产需要和精简效能的原则决定自己的机构设置和人员配备；企业有权根据国家下达的劳动指标进行招工，进行岗前培训；企业有权对成绩优异、贡献突出的职工给予奖励；企业有权对严重违反劳动纪律的职工给予处分，甚至辞退。随着这些规定的落实，企业在用人方面有了更大的权限，正常的人员进出渠道逐渐形成；劳动人事管理制度逐渐完善，劳动定额管理、定员定编管理、技术职称评聘、岗位责任制等在企业中广泛推广；工资管理规范化，打破了分配的平均主义，增强了工资的激励作用。所有这些都表明，我国企业的人力资源管理工作发生了巨大的变化，已经初步具备了人力资源管理的某些功能和作用。

3. 人力资本阶段

在管理理念上，将员工看成资本，认为进入企业的人力已经是资本，不再是资源；在发展观上，完成了以物为本向以人为本的转变。此阶段的人力资源管理，从追求数量转到追求质量。人力资源管理工作的重心转移到员工的绩效管理、建立现代薪酬体系、营造良好的工作氛围和优秀的企业文化环境等方面，并开始考虑整合企业人力资源。通过工作分析和人才盘点，更加合理地配置企业人力资源；通过加大培训力度，提高员工的工作技能和绩效能力；通过改革和优化薪酬体系，使之更有激励性，提高人力资本的"投资收益"比率。人力资源经理秉持人力资本理念，在企业里倡导和培养重视人才、开发人才、有效配置人才、激励人才的观念，带动整个企业人才观的转变，自身也向人力资源专家的方向迈进。

4. 战略人力资源管理阶段

随着知识经济和全球化时代的到来、经营环境不确定性的加强，以及企业竞争的加剧，人才的作用越来越重要，企业对人才的争夺战也愈演愈烈，人才成为企业竞争的核心，也成为企业核心竞争力的来源。在此条件下，企业人力资源管理就需要与企业战略密切结合，更好地服务于企业战略的实现。基于此，人力资源经理进入了企业的决策层，以专家顾问和战略合作伙伴的身份出现，参与决策，推动变革，使人力资源管理上升到战略人力资源管理阶段。

（三）人力资源管理的未来趋势

21世纪人类社会进入有史以来科技、经济和社会最快速发展的时期。高新技术迅猛发展，信息网络快速普及，对于所有的国家、民族和企业来说，既是一次难得的机遇，更是一场严峻的挑战，知识经济将改变每一个现代人的观念和意识。

1. 人力资源管理的地位日趋重要

现代企业经营战略的实质，就是在特定的环境下，为实现预定的目标而有效运用包括人力资源在内的各种资源的策略。有效的人力资源管理，将促进员工积极参与企业经营目标和战略，并把它们与个人目标结合起来，达到企业与员工"双赢"的状态。因此，人力资源管理将成为企业战略规划及战略管理不可分割的组成部分，而不再只是战略规划的执行过程，人力资源管理的战略性更加明显。

2. 人力资源管理的全球化与跨文化管理

组织的全球化，必然要求人力资源管理策略的全球化、人才流动的国际化，也就是说，企业要以全球的视野来选拔人才、看待人才的流动。尤其是加入世界贸易组织（WTO）后，我国所面对的是人才流动的国际化以及无国界；经济全球化、组织的全球化必然带来管理上的文化差异和文化管理问题，跨文化的人力资源管理已成为人力资源领域的热点问题，跨文化培训是解决这一问题的主要工具。

3. 动态化人力资源管理平台得到长足发展

随着全球化、信息化尤其是网络化的发展，动态化网络人力资源管理已经出现并将成为未来人力资源管理的重要发展趋势。随着动态学习组织的发展，通过互联网来进行的组织职业开发活动将越来越多，大量的人力资源管理业务，如网络引智与网络招聘、网络员工培训、网络劳动关系管理等将会越来越成为现实。网络化人力资源管理的开展，必将在管理思想、管理职能、管理流程及管理模式上对传统人力资源管理产生重大影响，使人力资源管理面临日趋激烈的环境变化，人力资源管理的空间被极大拓展，人力资源管理的网络化竞争变得日趋激烈，人力资源管理的途径、方法和策略也随之进行必要的变革。

　　4. 员工客户化的趋势

　　员工客户化的关键是员工角色的变化，即员工不再是传统意义上的被管理对象，他们可能变成组织的重要客户。人力资源管理部经理也可能随之转变为"客户经理"，即为员工提供他们所需的各类服务，如具体而详尽地向员工说明组织的人力资源产品和服务方案，努力使员工接受组织的人力资源产品和服务。人力资源管理者要为员工提供富有竞争力的薪酬回报和多元化的价值分享体系，并且要给员工更大的自主选择权，使员工自主性工作，满足员工参与管理的主体意识。在管理措施方面，要为员工的发展和成长提供更多的支持和帮助。

　　5. 人力资源管理业务的外包和派遣

　　人力资源管理业务外包是指把原来由组织内部人力资源承担的基本职能，通过招标方，签约付费委托给市场上专门从事相关服务的组织。在经济全球化的冲击下，组织出于降低成本、获得专家的高级服务、获得更为广泛的信息以及促进组织人力资源管理的提升等目的，将人力资源管理业务进行外包。目前，人力资源管理业务外包仍处于动态的发展过程中，并呈现以下发展趋势：一是人力资源管理业务外包领域不断扩展，从单项业务的外包发展到多项业务的外包；二是组织聘请专家顾问提供人力资源管理业务外包服务，提高了外包业务的专业水平；三是外包服务商、咨询公司逐步结成业务联盟，并力图垄断高级人力资源管理的外包业务；四是以人力资源管理业务外包强化组织竞争优势，并促进外包业务朝着全球化方向发展。

　　人力资源管理业务派遣又称为人力资源租赁，是指由人力资源服务机构向某些需要相关服务的组织提供需要的人力资源管理业务，尤其是急需的各类人才及人力资源管理服务等。人力资源管理业务派遣是与人力资源管理业务外包密切相关的一种发展趋势。如果说"业务外包"是一种主动需求人力资源管理服务的市场活动，那么"业务派遣"则是一种主动提供人力资源管理服务的市场活动，外包与派遣具有对象的互补关系。

目前，人力资源管理业务派遣存在如何在政策、法律和制度层面进行规范管理，加强派遣机构人员的专业化建设，提升派遣服务人员的素质，建立派遣认证体系，规范收费标准，协调人力资源管理业务外包机构与派遣机构之间关系等诸多问题。

第四节　现代人力资源管理与传统人事管理

传统人事管理指的是对人事关系的管理，一般是指人事部门作为组织内的职能部门所从事的日常事务性工作。人事管理过程包括"进""管""出"三个环节。人的调进调出被认为是传统人事管理的中心内容。

现代人力资源管理是指为了完成组织管理工作和总体目标，对人力资源的取得、开发、利用和保持等方面进行管理，以影响员工态度、行为和绩效，充分发挥人的潜能，提高工作效率，使人力、物力保持最佳比例，主要工作内容就是吸引、保留、激励和开发组织所需要的人力资源。

一、人事管理和人力资源管理的相同点

现代的人力资源管理是从人事管理发展而来的，两者之间有着一些相同之处。

（1）管理对象相同。两者都是对人的管理，具体来说是对人与人、人与事关系的管理。

（2）管理目的相同。两者都以组织目标的实现为目的，力求实现人、

财、物的最佳配合。

（3）管理的某些内容相同。两者都涉及招聘录用、培训考勤、职务升降、考核奖惩、绩效管理、工资福利、档案管理、劳动关系和劳动合同等方面的管理。

（4）管理的某些方法相同。两者在管理的过程中都会涉及制度、纪律、奖惩、培训等具体方法。

二、传统人事管理与人力资源管理的区别

现代的人力资源管理与传统人事管理在多个方面有所不同，主要体现在以下几个方面。

（1）管理理念不同。传统的人事管理视人力为成本，同时人事部门属于非生产和非效益部门，不讲投入产出，成本意识淡薄。人力资源管理认为，人力资源是一切资源中最宝贵的资源，经过开发的人力资源可以升值增值，能给组织带来巨大的利润。人力资源管理部门则逐步变为生产部门和效益部门，讲究投入和产出，生产的产品就是合格的人才、人与事的匹配，追求的效益包括人才效益、经济效益和社会效益的统一，还包括近期效益和远期效益的统一。

（2）管理内容不同。传统的人事管理以事为中心，主要工作就是管理档案、人员调配、职务职称变动、工资调整等具体的事务性工作，即从事"发发工资，写写材料（档案、内勤、统计），调调配配，进进出出（员工招聘、补缺、离退休）"的日常工作。人力资源管理则以人为中心，将人作为一种重要资源加以开发、利用和管理，重点是开发人的潜能、激发人的活力，使员工能积极、主动、创造性地开展工作。

（3）管理方式不同。传统的人事管理主要采取制度控制和物质刺激手段。人力资源管理采取人性化管理，考虑人的情感、自尊与需求，以人为本，激励为主、惩罚为辅，多授权少命令，发挥每个人的特长，体现每个

人的价值。

（4）管理策略不同。传统的人事管理侧重于近期或当前人事工作，就事论事，专注于眼前，缺乏长远思考，属于战术性管理。人力资源管理不仅注重近期或当前具体事宜的解决，更注重人力资源的整体开发、预测与规划。根据组织的长远目标，制定人力资源的开发战略措施，属于战术与战略性相结合的管理。

（5）管理技术。传统的人事管理照章办事，机械呆板，技术单一。人力资源管理追求科学性和艺术性，不断采用新的技术和方法，完善考核系统、测评系统等科学手段。

三、人力资源管理的学科特点

（1）综合性。人力资源管理是一门相当复杂的综合性的学科，具有综合性、交叉性、边缘性的特点，无论是进行学术研究还是实际的管理实践活动，都要涉及社会学、人类学、经济学、管理学、系统学、心理学和环境工程学等多种学科的知识。

（2）社会性。由于人力资源的社会性、能动性等特点，决定了人们之间在共同的有目的的活动中不仅具有市场经济关系和社会心理关系，也具有法律和道德关系，这些关系不仅是以社会心理为基础，更是以经济和社会利益、责任、权利为纽带而联系起来的。因此，在共同劳动过程中的人作为社会的一分子，必须遵守社会与组织的契约、法律和道义，以保证这些关系的稳定并促进其改善。

第五节　人力资本与人本管理

管理变革、战略转型、流程再造，在变革年代如何持续改进企业执行力；海外并购、市场逐鹿，面临国际化竞争如何进行跨文化管理；职场磨砺、优胜劣汰，经理人如何建立和经营个人职业品牌；在高峰对话和管理实践中，如何应对全球化潮流，如何建立先进性人力资本，是企业普遍思考的问题。在今天瞬息万变的市场竞争环境中，管理者们需要每天唤醒速度感和紧迫感，需要用人力资源战略、流程与技术来寻求新的突破。人才是企业的第一资源。企业在国际、国内市场的竞争，越来越聚焦于人才争夺。如何化人力为资本，通过有效的人力资本管理提升企业核心能力，创建和谐组织，实现企业均衡、可持续发展，日益成为管理者面临的最大挑战。企业识别、吸引、任用、管理、留住、培养人才，创建人才竞争力，实现人力资本保值增值，建设和谐组织，保证企业均衡发展和可持续发展等成为人力资源管理的主题。

一、人力资本

人力资本理论是由美国经济学家 T.W. 舒尔茨（T.W.Schulz）在 20 世纪 50 年代首先提出来的。此外，还有加里贝克尔（G.S.Becker）、哈比森（F.H.Harbison）、爱德华·丹尼森（E.Denison）等人，他们从不同的角度分析了人力资本理论。这些理论主要包括人力资本概念、人力投资的成本和收益、人力投资与经济增长、人力投资与社会受益等方面。

（一）人力资本概念

按照当代经济学家的解释，资本有两种形式：一是物质资本，二是人力资本。物质资本包括它的质量或它所体现的技术水平，所以物质资本大小的精确表述，应当同它的质量或它所体现的技术水平联系在一起。人力资本的情况也是如此。各个劳动者的质量或工作能力、技术水平、熟练程度不一样；同一个劳动者在受一定的教育和训练前后，他的劳动的质量或工作能力、技术水平和熟练程度也是有差别的。所以，人力资本大小的精确表述，也应当同劳动者受教育和训练的状况联系在一起，同劳动者受教育和训练后质量的提高或工作能力、技术水平、熟练程度的增加联系在一起。

体现在劳动者身上的人力资本和体现在物质产品之上的物质资本有一定的相似性，如二者都对经济起着生产性作用；二者作用的结果都能使国民收入增加；二者都是通过投资才形成的，这些投资都意味着减少现期的消费，以换取未来的收入。

人力资本和物质资本之间的主要区别在于：物质资本的所有权可以被转让或被继承，人力资本（指体现在自由劳动者身上的人力资本）的所有权不可能被转让或被继承。

人力资本与物质资本之间不仅有相似性和区别，而且存在互相补充或替代的关系：用一定量的物质资本和一定量的人力资本可以产生一定的收入。用较少量的物质资本和用较多数量的人力资本，或用较多数量的物质资本和用较少量的人力资本，往往可以产生同等数量的收入。

（二）人力投资的成本和收益

如前所说，人力资本有多种形成途径，教育是其中重要的项目。对教育的分析适用于对人力资本形成的其他项目的分析，因为理论上的处理是相似的。以下有关人力资本的分析，都以对教育的分析来说明。

1. 教育的成本

教育作为对人力投资的重要项目，其成本分为两类：一是教育费用；二是学生放弃的收入。教育费用又包括两个部分：一是政府拨出的经费；二是个人负担的学费。

学生放弃的收入是指学生由于上学而可能放弃的收入。这里的一个中心问题是机会成本（opportunity cost）概念。机会成本，是指人们放弃一种机会而由此可能遇到的损失（指人们放弃一种机会而由此放弃的收入）。例如，学生（假定初中以下的学生不算，只算初中以上的学生）面临着两种机会，一是上学，二是就业。如果学生选择上学，那么他就会由此放弃选择就业所产生的收入。如果学生不选择上学，而选择就业，但又没有那么多工作岗位可以容纳他们，那就假定他们帮助家庭劳动，从而家庭可以增加收入（或减少雇人的支出）。总之，学生只要继续上学，就意味着放弃了收入。

2. 教育的收益率

教育的收益是指个人通过教育而提高的未来的收入，教育的收益率是教育的收益的现值与个人获得教育的成本的现值之比。教育的收益率是个人判断在经济上是否有利的标准。

对个人而言，教育的收益率是递减的。在读初中时，个人用于教育的费用很少，因上学而放弃的收入微不足道，因而这时教育的收益率很高。进入高中以后，教育成本增加，教育收益率下降。进大学后，个人用于教育的费用越来越多，因上学而放弃的收入也越来越大。正因如此，学生年龄越大，面临的升学和就业的选择问题也就越尖锐。

由于上学占据了时间，受过教育的人的一生工作时间少于未受这么多教育的人的工作时间。这对人们一生可能取得的收入总量是有影响的，这也会影响人们在升学与就业之间的选择。

工资率的差异对教育的收益率的大小有双重影响：一方面会影响教育的收益，即人们受教育后的未来收入；另一方面影响教育的成本，即学生上学所放弃的收入。教育的收益率影响人们升学和就业的选择。因此，可以通过工资率差异的调整来影响对升学与就业的选择。

（三）人力投资与社会受益

人力资本投资不仅有益于个人，也有益于社会。例如，一种新的发明创造是人力资本投资的结果，没有教育，发明创造者就不可能获得这种发明创造的能力。发明创造人因此而增加了个人的收益。但是，这种发明创造也有利于社会，推动了社会经济的发展，改善了劳动条件和生活条件，扩大了就业，提高了人均国民收入水平等。

社会经济收益有一部分是可以计算出来的，如国民收入的增加等，但是也有部分是难以计算出来的，如生活和劳动条件的改善等。因为教育支出而得到的好处，不会全部归于个人，其中有相当一部分会归于社会。

二、人本管理

人本管理是一系列以人为中心的管理理论和管理实践的总称，自从人本管理理论诞生以来，对人本管理的理解就仁者见仁，智者见智，尚未形成一个权威的定论。

有的学者将人本管理概括为"3P"管理，即 Of The People（企业最重要的资源是人和人才）；By The People（企业是依靠人进行生产经营活动）；For The People（企业是为了满足人的需要而存在）。基于这一理论，有人提出现代企业管理的三大任务是创造顾客、培养人才和满足员工需要，人自始至终处于企业管理的核心地位。

有的学者将人本管理划分为五个层次，即情感管理、民主管理、自主管理、人才管理和文化管理。按照这一逻辑，人本管理实践认可企业目标和员工目标的一致性，建议采取目标管理、合理化建议、员工持股等多种方式增强员工参与管理的积极性；同时，以情感、文化凝聚人心。

有的学者把人本管理划分为两个层次：第一层次是首先确立人在管理过程中的主导地位，继而围绕着调动企业员工的主动性、积极性和创造性去开展企业的一切管理活动；第二层次是通过以人为本的企业管理活动和以尽可能少的消耗获取尽可能多的产出实践，来锻炼人的意志、脑力、智力和体力；通过竞争性的生产经营活动，达到完善人的意志和品格，提高人的智力和体力，使人获得超越生存需要的更为全面的自由发展。

有的学者定义人本管理的含义是以科学为先导，以激励和价值先导为中心，提倡以团队和授权为导向，充分发挥企业员工智能参与的水平，强化各种人本要素，包括员工的意愿、管理力量、协调、交流和素质，确保企业的发展和回报并行同步。

有的学者通俗地把人本管理看作把人当人看，把人当人用，充分考虑个人的特点，尊重个人的个性，理解个人的情感与追求；同时在人与物的关系中，重视人与物的差别，做到人与物的协调，而不是使人成为物的附庸或一部分。

有的学者认为人本管理就是以人为本、以人为中心的管理，指在现代社会政治、经济和文化条件下，企业的管理活动以人作为管理的主要对象，以最大限度地满足企业全体员工正当的物质需要和精神需要为基本途径以达到开发、利用企业的人力资源，从而实现企业目标，并进而逐步实现组织内全体员工自由和全面的发展。

从上述列举可以看出，不同学者对人本管理的理解各自有其重点和侧重，但笔者认为，把这些方面作为对人本管理的理解是可以的，但如果作为人本管理的含义却不妥当。因为上述关于人本管理的含义并没有涵盖人本管理的实质，而只涉及了人本管理的某一方面。我们认为，人本管理不是管理上的灵丹妙药，不是一种管理制度也不是管理技术，不是简单的就是为了调动员工工作积极性而采取的一系列管理办法，更不是变化了说法的口号。事实上，人本管理是从管理理念、管理制度、管理技术、管理态度到管理方式的全新转变，涉及管理者和全体员工从心理到行为的全面革命。

因此，人本管理的含义可以概括为：人本管理是一种把"人"作为管理活动的核心和组织最重要的资源，把组织全体成员作为管理主体，从尊重人性的角度开发和利用组织的人力资源，服务于组织内外的利益相关者，达到实现组织目标和成员个人目标的管理理论和管理实践的总称。

第二章 人力资源基本管理模式

第一节 绩效管理

一、绩效管理概述

绩效管理是人力资源管理的核心职能之一。学术界对绩效管理的认识仍存在争议，争议的焦点主要在于绩效管理的对象或客体。根据绩效管理对象的不同，人们提出三种不同的绩效管理模型：绩效管理是管理组织绩效的系统；绩效管理是管理员工绩效的系统；绩效管理是管理组织绩效和员工绩效的综合系统。

从组织角度进行绩效管理，是为了提高组织绩效，实现组织的总体目标。这种观点的核心在于设计组织战略，并通过组织结构、技术系统和程序等来加以实施。主要从组织的角度来考虑绩效目标的设置、绩效改进和考察，员工虽然会受到影响，但不是主要的分析重点。例如，布瑞德鲁普从组织绩效的角度分析绩效管理，认为绩效管理主要包括绩效计划、绩效改进和绩效考察三方面的内容。绩效计划是系统地阐述组织的预期目标和战略，并界定绩效等活动；绩效改进则包括组织流程再造、持续改进、标准化和全面质量管理等过程；绩效考察是指确定绩效评价标准的设计和绩效评价。

另一些学者认为绩效管理是管理员工绩效的系统。持此观点的学者认为，绩效管理是组织对员工关于其工作绩效及发展潜力的评价和奖惩，认为绩效管理有周期性。例如，艾恩斯沃斯和史密斯认为绩效管理分为绩效计划、绩效评价和绩效反馈三个过程。托瑞顿和霍尔将绩效管理分为绩效计划、支持和绩效考察三个步骤。这些学者的观点在绩效管理系统的具体构建方面各有不同，但他们存在一些一致的观点。绩效管理的主要考虑对象是员工个体，首先管理者和员工一起设置绩效目标并与其达成一致的承诺；其次对实际期望的绩效进行客观衡量或主观评价；最后通过反馈进行调整，确定员工可接受的绩效目标，并采取具体行动实现绩效目标。

第三种观点认为绩效管理是管理组织绩效和员工绩效的综合系统。这种观点不是前两种观点的简单加总，而是认为绩效管理是管理组织绩效和员工绩效的综合系统。一些综合绩效管理模型旨在提高组织绩效，但却强调对员工的干预。例如，考斯泰勒认为绩效管理通过将各个员工的工作与整个工作单位的宗旨联系起来，共同支持组织整体目标的实现。事实上，任何组织进行绩效管理的目的都是实现组织目标。因此，对员工的绩效管理总是发生在一定的组织背景中，离不开特定的组织战略和组织目标；而对组织的绩效进行管理，也离不开对员工的管理，因为组织的目标是通过员工来实现的。这些观点说明，我们必须在几个层次上进行绩效管理，在一个极端是管理组织绩效，在另一个极端是管理员工绩效。而更全面的模型应涉及组织、个人和介于两者之间的各个层次。

从人力资源管理角度来看，我们更多地关注员工个体的绩效。如果把绩效界定在个体层面上，我们可以把绩效管理界定为在特定的组织环境中，与特定的组织战略、目标相联系，对员工的绩效进行管理以期实现组织目标的过程。

绩效管理的根本目的就是让组织的每一位员工每天的工作行为都与组织的战略紧密相连。科学完善的绩效管理系统应该能够帮助组织实现组织目标，使组织和员工实现双赢。具体来说，绩效管理的目的有三个层次：战略性目的，即有效的绩效管理有助于组织实现战略目标；管理性目的，即组织可以以绩效管理系统为基础进行员工薪酬福利和员工认可计划等方面的管理决策；发展性目的，即绩效管理成为员工丰富专业知识和提高工作技能的基础。

二、绩效管理系统

组织为了实现经营计划与战略目标，必须建立高效的绩效管理系统。关于绩效管理系统的组成，不同的学者提出了不同的观点。例如，英国学者理查德·威廉姆斯把绩效管理系统分成四个部分：指导／计划，即为员工确定绩效目标和评价绩效的标准；管理／支持，即对员工的绩效进行监督和管理，提供反馈和支持，帮助他们排除制约绩效目标完成的障碍；考查／评价，即对员工的绩效进行考查和评价；发展／奖励，即针对绩效评价结果，对员工进行相应的奖励、培训和安置。多数学者认为，绩效管理系统包括绩效计划、绩效辅导、绩效评价、绩效评价结果反馈与运用等方面。组织的绩效管理系统通过管理者与员工共同参与的绩效计划、绩效辅导、绩效评价以及绩效评价结果反馈与运用等过程，以确保实现并不断提高组织绩效目标。

（一）绩效计划

绩效计划是管理者和员工共同讨论以确定员工绩效周期内应该完成的工作任务和实现的绩效目标的过程。作为整个绩效管理过程的起点，绩效计划阶段是绩效管理循环中最为重要的环节之一。不过，并不是说绩效计划一经制订就不可改变，环境总是在不断地发生变化，组织在实施计划的过程中往往需要根据实际情况不断地调整绩效计划。

为了制订出合理的绩效计划，管理者与员工通过双向的互动式沟通，在制定绩效周期内的绩效目标和如何实现预期绩效的问题上达成共识。绩效计划的内容除了最终的个人绩效目标之外，还包括员工应采用什么样的工作方式，付出什么样的努力，进行什么样的技能开发等，以达到计划中的绩效结果。

一方面，为了使绩效计划能够顺利地实施，在绩效计划阶段，必须让员工参与。员工参与是绩效计划得以有效实施的保证。社会心理学家认为，由于人们对于自己亲自参与做出的选择投入程度更大，从而增加了目标的可执行性，有利于目标的实现。另一方面，由于绩效计划不仅仅要确定员工的绩效目标，更重要的是让员工了解如何才能更好地实现目标，员工应该通过绩效计划中的互动过程了解组织内部的绩效信息沟通渠道，了解如何才能够得到来自管理者或相关人员的帮助等。从这个意义上讲，绩效计划的过程更加离不开员工的参与。

在绩效计划阶段，管理者和员工应该经过充分的沟通，明确为了实现组织的经营计划员工在绩效周期内应该做什么事情以及应该将事情做到什么程度，也就是明确员工的绩效目标。设置绩效目标是绩效计划阶段必须完成的重要任务。

（二）绩效辅导

绩效辅导阶段在整个绩效管理过程中处于中间环节，也是绩效管理循环中耗时最长、最关键的一个环节，是体现管理者和员工共同完成绩效目标的关键环节，这个过程的好坏直接影响着绩效管理的成败。

绩效管理强调员工与管理者的共同参与，强调员工与管理者之间形成绩效伙伴关系，共同完成绩效目标的过程。这种员工的参与和绩效伙伴关系在绩效辅导阶段主要表现为持续不断的沟通。具体来讲，绩效辅导阶段主要的工作有持续不断的绩效沟通、收集信息形成评价依据。

绩效沟通贯穿于绩效管理的整个过程，在不同阶段沟通的重点也有所不同。在绩效计划阶段，沟通的主要目的是管理者和员工对绩效目标和标准达成一致。首先是管理者对部门或团队的工作目标进行分解，并提出对于每一成员的目标要求。员工则根据分解给本人的工作任务制订详细的工作计划，提出绩效周期内要完成的主要工作任务和要达到的标准，并就这些内容与管理者进行反复的沟通。双方达成一致后，这些绩效目标和标准就成为绩效周期末评价员工绩效的依据和标准。在绩效辅导阶段，沟通的目的一方面是员工汇报工作进展或就工作中遇到的问题向管理者寻求帮助和解决办法，另一方面是管理者对员工的实际工作与绩效计划之间出现的偏差进行及时纠正。

在绩效评价和反馈阶段，员工与管理者进行沟通主要是为了对员工在绩效周期内的工作进行合理、公正和全面的评价；同时，管理者还应当就员工出现问题的原因与员工进行沟通，详细分析并共同确定下一绩效周期改进的重点。绩效辅导阶段的沟通尤其重要。员工与管理者共同确定了工作计划和评价标准后，并不是说就不能改变了。员工在完成计划的过程中可能会遇到外部障碍、能力缺陷或者其他意想不到的情况，这些情况都会影响计划的顺利完成。员工在遇到这些情况的时候应当及时与管理者进行沟通，管理者则要与员工共同分析问题产生的原因。如果属于外部障碍，在可能的情况下管理者则要尽量帮助下属排除外部障碍。如果是属于员工本身技能缺陷等问题，管理者则应该提供技能上的帮助或辅导，帮助员工达成绩效目标。

同时，在绩效辅导阶段员工有义务就工作进展情况向管理者汇报。通过这种沟通，使管理者能够及时了解员工的工作进展情况。管理者有责任帮助下属完成绩效目标，对员工出现的偏差进行及时的纠偏，尽早发现潜在问题并帮助员工及时解决问题，这样对员工工作的顺利进行是大有裨益的。

在绩效辅导阶段，管理者在与员工保持绩效沟通和辅导的同时，还有一项重要的工作就是进行信息的收集和记录，为公平、公正地评价员工的绩效水平提供依据。具体来说，信息收集的主要目的在于为绩效评价、绩效诊断、绩效改进提供事实依据。绩效评价结果的判定需要以明确的事实依据作为支持，尽管绩效周期初确定的工作目标或任务可以反映一些问题，但也不足以完全证明员工按照规程、制度进行了操作。通过过程收集或记录的信息，就可以作为对员工绩效诊断和绩效评价的重要依据。

（三）绩效评价

绩效评价是绩效管理过程中非常重要的环节。绩效评价是针对组织中每位员工所承担的工作，通过应用各种科学的方法，对员工的工作行为、工作结果及其对组织的贡献或价值进行考察和评价，并将评价结果反馈给员工的过程。

绩效评价是一项系统工程，涉及组织战略目标体系及其目标责任体系、评价指标体系设计、评价标准及评价方法等内容，其目的是做到人尽其才，使员工的能力得到淋漓尽致的发挥。为了更好理解绩效评价这个概念，首先要明确绩效评价的目的及重点。组织制定了战略目标之后，为了更好地实现战略目标，需要把目标层层分解到组织内部各个部门及各个组织成员身上，要保证组织内部每个人都有任务。绩效评价就是对组织成员完成工作目标的跟踪、记录、评价。

为了提高绩效评价的有效性，组织必须构建有效的绩效评价系统。有效的绩效评价系统首先必须获得全体组织成员的支持。如果没有全体人员的支持，绩效评价就不能完全成功。例如，如果管理者认为绩效评价系统只是浪费时间、没有真正价值，他们可能就不会根据要求填写评价表；如果员工认为绩效评价系统无效，工作士气和动机就会受到影响。

1.绩效评价工具

构建了有效的绩效评价系统之后，组织还要选择适当的绩效评价工具。人力资源管理专业人士可以从大量的绩效评价方法中选择具体的绩效评价工具。组织常用的绩效评价方法包括：图表式评价量表、行为锚定评价量表、行为观察量表、KPI 评价法、平衡计分卡等。在选择过程中，组织必须综合考虑多种因素，其中三个重要的因素是绩效评价工具的实用性、成本以及被评价岗位的工作性质。

2.绩效评价主体

绩效评价主体的选择是确定了绩效评价方法之后必须要进行的工作。

根据传统的观点，大多数组织选择上级主管来评价下属的工作绩效。之所以由主管进行绩效评价，是因为通常他们是最熟悉员工工作的人。对主管而言，绩效评价作为管理的手段，为他们提供了一种引导和监督员工工作行为的途径。事实上，如果主管没有评价下属工作绩效的权力，他们对于下属的管理就会大大被削弱。

如果上级主管作为唯一的绩效评价者，在许多情况下对员工而言，绩效评价难以做到公平、公正、准确。这是因为对于员工的工作绩效，如果只有上级主管才能评价，那么上级主管的主观判断很容易影响绩效评价结果的公平性和准确性。一方面，上级主管不一定能够全面地了解下属的各个方面，尤其是在上级主管掌握着对员工进行绩效评价的权力的前提下，员工更不会将缺点暴露在上级主管面前。另一方面，上级主管作为员工绩效评价者，组织内部容易助长拉关系、走后门的不正之风。而且，绩效评价结果也缺乏来自其他方面的信息验证。

随着社会经济的发展，人与人之间的合作日益重要，为顾客服务更是许多组织经营的宗旨。这些在上级主管评价绩效的活动中都不能得到体现，甚至会出现同事之间相互损害利益以讨好上级主管的现象。因此，在绩效评价这个问题上，越来越多的组织选择 360 度绩效评价。

360 度绩效评价，是指由员工自己、上司、下属、同级同事以及客户等担任绩效评价者，对被评者进行全方位的评价。评价的内容涉及员工的工作绩效、工作态度和能力等方面。绩效评价结束后，再通过反馈程序，将绩效评价结果反馈给被评价者，达到改变员工工作行为、提高工作绩效水平的目的。与传统的评价方法相比，360 度绩效评价从多个角度来评价员工的工作，使评价结果更加客观、全面和可靠。特别是对反馈过程的重视，使绩效评价起到"镜子"的作用，并提供了员工之间相互交流和学习的机会。事实上，国内一些服务行业，如金融业、餐饮业等，常常使用 360 度绩效评价。因为服务人员的服务质量、服务态度唯有顾客最清楚。

在进行 360 度绩效评价时，一般是由多名评价者匿名对被评价者进行绩效评价。采用多名评价者，虽然扩大了信息收集的范围，但是不能保证所获得的信息就是客观、准确、公正的。第一，员工对他人的绩效评价会带有情感因素。在同一组织工作的员工，既是合作者，又是竞争对手，考虑到各种利害关系，评价者有时甚至会故意歪曲对被评价者的评价。比如，可能会给予跟自己关系好的被评价者较高的评价，给予跟自己关系不好的被评价者较低的评价。尤其是当评价的结果跟被评价者的奖金发放、薪酬调整、晋升相联系时，涉及个人利益，员工更有可能存在这种倾向。第二，员工很可能因为惧怕权威，而给上级主管较高的评价。由于上级主管拥有各种权力，员工不敢得罪，也怕主管日后会报复自己，从而影响自己的前途。另外，360 度绩效评价还会导致另外一个极端，这种绩效评价方式成为下属发泄不满的途径。第三，员工对人力资源管理部缺乏信任，对 360 度绩效评价充满恐惧感，担心自己的评价会被上司知晓，同时也担心通过这种评价方式收集的信息是否能够进行客观公正的处理。

为了使 360 度绩效评价能够得以顺利推行并取得较好的效果，第一，组织必须获得高层管理者的支持，高层管理者必须在组织内部营造一种变革、创新、竞争、开放的文化使员工摒弃旧有的传统观念，敢于竞争，敢于发表意见，敢于接受别人的评价，让员工能够从观念上接受这种绩效评价方式。第二，管理者应加强宣传和沟通，让员工了解评价目的，尽可能使 360 度绩效评价中的人为因素的影响降到最低程度。在实施 360 度绩效评价的过程中，组织必须对评价者进行有效培训，对评价的准确性、公正性向评价者提供反馈，指出他们在评价过程中容易犯的错误，以帮助他们提高绩效评价技能。第三，组织要尽可能寻找员工充分信任的人员，如组织外部专家来执行 360 度绩效评价项目。为了获得员工信任，组织应该尽量聘请与组织有长期合作、深得员工信任的专家作为项目的负责人。第四，360 度绩效评价在推行过程中也可以采取灵活的方式进行。在人员流动性大、竞争性强的部门或组织，推行 360 度绩效评价是很有效的；在人员相对比较固定的部门或组织，因为营造"人和"的氛围很有必要，在这种情况下，360度绩效评价也可以施行，但是评价的结果可以不作为被评价者薪酬调整、晋升等的依据，因为这样容易带来组织或部门内部人际关系紧张。评价的结果应仅仅用于员工的发展。要在员工之间建立互相信任的关系，在这个基础上，360度绩效评价的结果才会比较客观、公正。

3. 确保绩效评价结果公平公正

由于绩效评价结果往往与员工的利益及发展等各个方面紧密联系，管理者在绩效评价阶段的重要责任之一是对员工的绩效进行公正、公平和准确的评价。为了使员工的工作绩效得到科学、准确、公正、公平的评价，实现绩效管理的良性循环，组织除了选择360度绩效评价之外，还会积极采取有效措施，以保证绩效评价过程的公平。例如，大多数组织绩效评价委员会，会对已经完成的绩效评价结果评审。绩效评价委员会一般由组织高层管理者、中层管理者代表和员工代表组成。在绩效评价过程中被评价者的意见可以向绩效评价委员会工会、人力资源管理部、部门主管及高层管理者反映。

第二节　薪酬管理

一、薪酬管理概述

薪酬管理，是在组织发展战略指导下，对员工薪酬支付原则、薪酬策略、薪酬水平、薪酬结构、薪酬构成等进行确定、分配和调整的动态管理过程。

薪酬管理对任何组织来说都至关重要，这是因为一方面组织的薪酬管理要同时达到公平性、有效性和合法性三大目标；另一方面组织经营对薪酬管理的要求越来越高，而薪酬管理受到的制约因素越来越多，除了基本的组织经济承受能力、政府法律法规外，还涉及组织不同发展时期的薪酬战略、内部人才定位、外部人才市场以及竞争对手的薪酬策略等因素。

薪酬管理的目标包括三个方面：公平性、有效性和合法性。薪酬管理的公平性，是指员工对于组织薪酬管理系统以及管理过程的公平性、公正性的看法或感知，这种公平性涉及员工对于自己从工作中获取的薪酬与组织内部不同岗位上的人、相似岗位上的人以及与组织外部劳动力市场薪酬状况、薪酬水平之间的对比结果。薪酬管理必须关注三个方面的公平：外部公平、内部公平和个人公平。外部公平，是指组织向员工支付的薪酬应与本行业、本地区其他组织向从事同等工作的人支付的薪酬保持大体一致。为了保证薪酬的外部公平性，组织常常要进行薪酬市场调查。内部公平，是指薪酬的组织内部一致性，组织根据内部不同岗位的价值等级支付对应的薪酬。为了保证薪酬的内部公平性，组织常常要对组织内部不同岗位的价值进行科学系统的评价。个人公平，是指由于个体的差异，相同岗位的员工的绩效水平可能存在较大的差异，组织应该根据不同岗位上工作的个人的贡献大小支付薪酬。

薪酬管理的有效性，是指薪酬管理一方面要满足成本控制、利润率、销售额、股票价格上涨等方面的财务指标，另一方面要满足客户服务水平、产品或服务质量目标。另外，薪酬管理要达到团队建设以及组织和员工的创新与学习能力等方面的指标以及员工离职率、绩效水平、激励水平等指标。

薪酬管理的合法性，是指组织的薪酬管理体系和管理过程要符合国家的相关法律规定。

二、薪酬体系设计

薪酬体系的设计，是指在薪酬市场调查基础上确定薪酬总额，然后根据薪酬体系确定本组织的薪酬水平与结构，同时形成组织支付薪酬的一整套的制度体系与规范。薪酬体系的设计科学与否关系到组织内部各不同工种不同部门的员工能否真正协调凝聚起来提升组织整体的绩效，从而实现组织的战略目标。

薪酬体系主要是针对基本薪酬的薪酬系统，为向员工支付薪酬所构建的政策和程序。科学的薪酬体系直接与组织的战略规划相联系，可以使员工通过自己的努力和行为提高组织的竞争优势。目前，国际上通行的薪酬体系主要有三种：岗位薪酬体系、绩效薪酬体系以及技能薪酬体系。一些组织只选择其中的一种薪酬体系，而越来越多的组织则把多种薪酬体系有机结合起来，综合考虑员工的工作岗位、能力和技能、工作绩效等因素，称为混合薪酬体系。

（一）岗位薪酬体系设计

岗位薪酬体系是对每个岗位所要求的知识技能以及职责等因素的价值进行评估，根据评估结果将所有岗位归入不同的薪酬等级，每个薪酬等级包含若干综合价值相近的一组岗位。然后根据市场上同类岗位的薪酬水平确定每个薪酬等级的工资率，并在此基础上设定每个薪酬等级的薪酬范围。从世界范围来看，目前组织使用最多的是基于岗位的薪酬体系。岗位薪酬体系是传统的确定员工基本薪酬的制度，其最突出的特征是员工担任什么样的岗位就获得什么样的薪酬，因此岗位薪酬体系只考虑岗位本身的因素，很少考虑人的因素。岗位薪酬体系的设计步骤主要包括四个方面：收集关于特定工作的性质的信息进行工作分析；编写工作说明书；对岗位的价值进行评价；根据工作岗位的内容和相对价值进行排序。

岗位薪酬体系使组织内部实现了真正意义上的同工同酬，体现了按劳分配原则，保证了薪酬的内部公平性；因为薪酬与岗位直接联系，能够调动员工努力工作、提高自身能力以争取获得晋升机会的积极性；有利于根据岗位系列进行薪酬管理，操作比较简单，管理成本低。但是，岗位薪酬体系因为重视内部公平性而忽略薪酬的外部竞争性，致使组织对稀缺人才的吸引力降低；员工获得加薪的前提是晋升，而组织内部的晋升机会往往不多，不利于员工的职业发展，员工的工作积极性会受到伤害，还可能导致员工在岗位晋升过程中的恶性竞争，甚至出现消极怠工或者离职的现象；其导向是鼓励员工获得晋升机会而不是提高工作绩效水平。

（二）绩效薪酬体系设计

绩效薪酬体系是在个人、团队或组织的绩效与薪酬之间建立明确的联系。员工获得的薪酬水平根据个人、团队和组织绩效水平的变化而具有灵活性。对员工个人而言，绩效薪酬体系使员工的薪酬根据员工个人的工作行为表现和绩效进行相应的变化。由于员工在一定程度上能够控制自己的工作行为和工作绩效，因此，员工可以通过控制自己的工作行为和工作绩效从而达到控制自己的薪酬水平的目的。

在现代组织的分配制度中，薪酬是一种最重要的、最易使用的激励手段，是组织对员工为组织所做的贡献（包括他们实现的绩效，付出的努力、时间、学识、技能、经验和创造性）而给予的相应回报。在员工心目中，薪酬不仅仅是自己的劳动所得，它在一定程度上也代表着员工自身的价值，代表组织对员工工作能力和贡献的认可，甚至还代表着员工个人的能力和发展前景。绩效薪酬是薪酬构成中最能够体现激励作用的组成部分。绩效薪酬体系通常把员工的工作绩效与薪酬联系起来，目的在于激励员工更好地工作。

绩效薪酬体系设计的基本原则是通过激励员工个人提高绩效促进组织的绩效，确保高绩效水平的员工获得较高的薪酬；保证薪酬因员工绩效水平的不同而不同。

组织在设计绩效薪酬体系之前必须首先做出这样的决策：员工的薪酬在多大程度上是建立在绩效基础上，绩效薪酬在员工的总体薪酬中占多大比例等。因此，绩效薪酬体系设计的基础是有效的绩效管理体系，从而使员工的绩效与薪酬之间建立起直接的联系。组织构建的有效的绩效管理体系必须满足下列要求：能够公平合理地评价员工的工作绩效；能够准确区分员工之间的绩效差异；员工的绩效差异直接影响着薪酬差异；绩效薪酬的增加能够激励员工改善工作行为、提高工作绩效水平；个人的工作绩效有助于实现组织的绩效目标。

绩效薪酬体系设计的内容包括绩效薪酬的支付形式、关注对象、配置比例、绩效等级等方面。

绩效薪酬的支付形式表现为组织如何向员工支付绩效薪酬从而使薪酬与绩效之间建立紧密的联系。绩效薪酬包括常见的绩效工资、绩效奖金和绩效福利，也包括股票、收益分享计划、利润分享计划等形式。对不同层次的员工而言，组织支付绩效薪酬的基础也存在差异，如员工可以因销售额的增长、产量的提高、对下属的培养、成本的降低、利润的增加等而获得绩效薪酬。不同的组织向员工支付绩效薪酬的频率各不相同，一些组织每月向员工支付绩效薪酬，也有一些组织每个季度或每年向员工支付一次绩效薪酬。

绩效薪酬关注对象的确定受到组织价值观和组织不同阶段的发展战略等因素的影响。如果绩效薪酬关注的对象是员工个人，那么每个员工获得的绩效薪酬以其绩效评价结果为基础。如果绩效薪酬体系是基于团队、业务单元或整个组织的绩效构建的，那么组织可以先评价团队或业务单元的绩效来确定绩效薪酬总额，然后根据员工个人绩效对绩效薪酬总额进行划分，员工根据自己的工作绩效水平获得绩效薪酬。绩效薪酬配置比例是指绩效薪酬在不同部门或不同层次岗位中的配置标准。由于绩效薪酬种类很多，这里以其中的一种绩效工资进行说明。绩效工资的配置标准与各个岗位的工资等级和对应的外部薪酬水平相关；并与个人或团队的绩效水平直接发生联系，从而使员工或团队可以通过对绩效的贡献来调节总体工资水平。

绩效等级是依据绩效评估后对员工绩效评价结果划分的等级层次。绩效等级一方面与具体的绩效指标和标准有关，另一方面也与绩效评价的主体和评价方式有关；在对员工绩效进行公正、客观的评价的基础上，绩效等级的多少和等级之间的差距将会对员工绩效薪酬分配产生很大影响。组织在设计绩效等级时还要考虑绩效薪酬体系对员工的激励程度。如果绩效等级过多，因为差距过小，会影响对员工的激励力度；等级过少带来的差距过大则会影响员工对绩效薪酬体系的预期，可能使员工丧失向上努力奋斗的动力。

总之，绩效薪酬体系设计必须明确需要达到的目标，有效利用薪酬策略和绩效与薪酬的密切关联，使组织不必为所有的工作支付高薪，而为那些具有关键技能绩效水平高的员工支付高薪，从而使组织既能够吸引所需的拥有关键技能的人才和留住高绩效员工以满足战略需要，又能够对组织的成本进行控制。

第三节　劳动关系管理

一、劳动关系的核心概念

所谓劳动关系是在就业组织中由雇佣行为而产生的关系，其基本含义是管理方或者管理方团体（多为行业协会）与劳动者或劳动者团体（一般是工会）之间产生的，由双方利益引起的，表现为合作和冲突关系的总和，它受制于社会中经济、技术、政策、法律制度和社会文化的背景。劳动关系在国外的人力资源管理研究中讨论很多，但是，由于各国社会制度和文化传统等因素各不相同，对劳动关系的称谓也不尽相同，常用的有：劳资关系，强调劳动和资本之间的关系；雇佣关系，强调劳动关系是雇主和雇员双方的关系；劳动关系，这一称谓源自日本，主要是为了更准确地说明劳动关系是劳动者和使用劳动者之间的关系；劳工关系，更加强调作为劳动关系中一方的劳动者；产业关系，这一称谓源自美国，在欧美国家使用比较广泛，它更强调人与组织以及人与产业环境之间的相互作用。

（一）劳动关系的主体

从狭义上讲，劳动关系的主体主要包括两方：一方是员工以及以工会为主要形式的员工团体，另一方是管理方。而广义的劳动关系主体还包括政府，因为在劳动关系发展过程中，政府可以通过相关法律的制定和实施，对劳动关系进行调整、监督和干预。

员工指在就业组织中，本身不具有基本经营决策权力并从属于这种决策权力的工作者。包括蓝领工人、企业或政府的一般行政人员、教师、社会工作者、警察、医务人员，以及只有监督权而无奖惩权的低层管理者。员工不包括自由职业者和自雇佣者。

员工团体指因共同的利益、兴趣或目标而组成的员工组织，包括工会组织和类似于工会的职工代表大会、员工协会或职业协会。在世界上许多国家，工会是员工团体的最主要形式。

管理方指由于法律所赋予的对组织的所有权（或一般称产权）而在就业组织中具有主要的经营决策权力的人或团体。一般是指资方和雇主，以及企业中代表产权、具有决策权力的高级管理人员。

管理方团体的主要形式是雇主协会，它们以行业或贸易组织为纽带，一般不直接介入员工与管理方的关系之中。主要任务是同工会或工会代表进行集体谈判，在劳动争议处理程序中向其成员提供支持，通过参与同劳动关系有关的政治活动、选举和立法改革来间接影响劳动关系。

政府在劳动关系中的角色，一是劳动关系立法的制定者，通过立法介入和影响劳动关系；二是公共利益的维护者，通过监督、干预等手段促进劳动关系的协调发展；三是公共部门的雇主，以雇主身份直接参与和影响劳动关系。

（二）劳动关系中的力量

劳动关系从订立劳动合同开始，到劳动合同终止结束，是一系列权利义务的总和，包括工作环境、工作方式、工作报酬等，这些权利义务的确定最终取决于劳资双方力量的对比。当然，管理方和员工各自的力量不是一成不变的，而是随着其他因素的影响消长变化，如劳动市场状况、政府法律条例、企业的组织结构等。员工的力量，是指劳动者进入就业组织后，所具有的能够影响雇主行为的力量，主要包括退出、罢工、岗位三种力量。

退出力量，是指员工辞职给雇主带来的成本，如招聘和培训的费用成本越高，表明该员工的退出力量越强，其在组织中影响雇主决策的能力越强。

罢工力量，是指劳动者停止工作而给雇主带来的损失或成本，很明显，该劳动者停止工作给雇主带来的损失越大，其罢工力量越强，其在组织中讨价还价的能力越强。当然，一个工人的罢工力量总是有限的，这也就是工会应运而生的原因。早期工会的任务之一就是团结雇员，以劝说和强迫雇主提供更好的工作条件和更高的工资。

岗位力量，是指劳动者仍旧在工作岗位上，由于主观故意或疏忽而造成的雇主的损失，常表现为员工怠工和缺勤率上升、产品次品率增加。

相对应地，雇主也具有辞退、停工和岗位三种力量：①辞退力量是雇主通过辞退员工而给员工造成的生活上的困难和精神上的压抑。很明显，当劳动力市场是买方市场时，雇主辞退的力量较强。②停工力量是雇主关闭企业所给员工带来的收入下降和利益损失。③岗位力量体现为雇主具有指挥、安排员工工作的权利，如可以根据个人好恶来安排员工的工作，使员工利益受到影响。

（三）新型的劳动关系

在建立和完善社会主义市场经济体制的过程中，我国的劳动关系日趋复杂多样，目前初步形成了以《中华人民共和国劳动法》（以下简称《劳动法》，下文有关法律均为简称）为主体的调整劳动关系的法律法规体系，初步构建了劳动合同和集体合同制度、三方协调机制、劳动标准体系、劳动争议处理体制和劳动保障监察制度。

劳动合同制度。我国劳动合同制度从 20 世纪 80 年代中期开始试点，至 20 世纪 90 年代得到大力推广，至今已在城镇各类企业中广泛实施。我国法律规定，用人单位与劳动者依法建立劳动关系，应该书面订立有固定期限、无固定期限或以完成一定的工作为期限的劳动合同。在订立劳动合同的过程中，劳动关系双方必须遵循平等自愿、协商一致的原则。实行劳动合同制度，明确了劳动者与用人单位双方的权利和义务，保障了劳动者的择业自主权和用人单位的用人自主权。

集体合同制度。政府鼓励企业不断加强职工代表大会和工会的职能，完善职工民主参与制度。为形成企业劳动关系自我协调机制，我国开始探索通过平等协商建立集体合同的法律制度，并加以推广。我国的法律法规规定，企业职工可以就劳动报酬、工作时间休息休假和劳动安全卫生、保险福利等事项，由工会代表或直接推荐职工代表与企业开展平等协商签订集体合同。

三方协调机制。国家积极建立符合国情的政府、工会和企业三方协调机制。这种协调机制由各级政府劳动和社会保障部门、工会组织、企业组织派出代表，组成协调机构，对涉及劳动关系的重大问题进行沟通和协商，对拟订有关劳动和社会保障法规以及涉及三方利益调整的重大改革方案和政策措施提出建议。

劳动标准体系。目前，我国已经形成以《劳动法》为核心，内容涉及工时、休息休假、工资、禁用童工、女职工和未成年工特殊劳动保护、劳动定额、职业安全卫生等方面的劳动标准体系，并根据经济和社会发展不断调整和完善。

劳动争议处理体制。国家主张及时依法处理劳动纠纷，维护当事人双方的合法权益，提倡和支持劳动争议双方采取自行协商的方式解决争议。我国有关法律法规明确规定了依法解决劳动争议的程序和机构。按照规定，劳动者与企业发生劳动争议后，当事人一方可向企业内部劳动争议调解委员会申请调解，调解不成或当事人不愿意进行调解时可向当地劳动争议仲裁委员会申请仲裁，当事人如果对仲裁机构的仲裁裁决不服，可向人民法院提起诉讼劳动保障监察。自 1993 年起，我国逐步建立了劳动保障监察制度。

《劳动法》和《行政处罚法》等法律法规规定了劳动保障监察机构的职责和工作程序。劳动和社会保障行政部门依法对用人单位遵守劳动和社会保障法规的情况进行监督检查，对违反劳动和社会保障法律法规的行为有权制止、责令改正，并可依法给予警告、罚款等行政处罚。任何组织和个人对于违反劳动和社会保障法律法规的行为都有权检举和控告；若当事人认为劳动和社会保障行政部门在实施监察执法时侵犯了其合法权益，可以提起行政复议或行政诉讼。

二、劳动法的概念和功能

劳动法作为一个独立的法律部门，是调整特定劳动关系及其与劳动关系密切联系的社会关系的法律规范的总称。劳动法所研究的劳动是职业的、有偿的和基于特定劳动关系发生的社会劳动。劳动关系方面的法律主要有三个功能：①保护劳动关系双方的自愿安排并为之提供保护，如劳动合同等；②解决纠纷，劳动法不仅赋予劳动者劳动权和保障权，而且还规定了保证这些权利实现的司法机制；③确定基本劳动标准，如最低工资、最低就业年龄、工作时间和休息休假以及安全卫生标准。

劳动法通过平衡雇员和雇主双方的权利、义务关系达到调整劳动关系的目的，通过规定雇员和雇主双方的权利、义务关系，将其行为纳入法治的轨道。我国《劳动法》规定，劳动者享有平等就业和选择职业的权利、取得劳动报酬的权利、休息休假的权利、获得劳动安全卫生保护的权利、接受职业技能培训的权利、享受社会保险和福利的权利、提请劳动争议处理的权利以及法律规定的其他劳动权利。同时，劳动者应完成劳动任务，提高职业技能，执行劳动安全卫生规程，遵守劳动纪律和职业道德。权利和义务是一致的、相对应的。我国《劳动法》第4条特别规定："用人单位应当依法建立和完善规章制度，保障劳动者享有劳动权利和履行劳动义务。"

三、劳动合同的订立

《劳动法》第17条规定："订立和变更劳动合同，应当遵循平等自愿、协商一致的原则，不得违反法律、行政法规的规定。"所谓平等是指劳动合同双方当事人在签订劳动合同时的法律地位是平等的，不存在任何依附关系，任何一方不得歧视、欺压对方。所谓自愿是指劳动合同双方当事人应完全出于自己的意愿签订劳动合同，凡是以强迫、欺诈、威胁或乘人之危等手段，把自己的意志强加于对方，或者所订立条款与双方当事人的真实意愿不一致，都不符合自愿原则。而协商一致是指合同双方当事人对所发生的一切分歧要进行充分的协商，在双方意思表示一致的基础上再签订劳动合同。

劳动合同的依法订立要求：

（1）主体合法，即签订劳动合同的双方当事人必须具备法律法规规定的主体资格，劳动者一方必须达到法定的劳动年龄，具有劳动权利能力和劳动行为能力，用人单位则必须具备承担合同义务的能力。

（2）目的和内容合法，即劳动合同所设定的权利义务、合同条款必须符合法律、法规，而不得以合法形式掩盖非法意图和违法行为。订立劳动合同，用人单位不得以任何形式收取抵押金、保证金或其他费用。

（3）程序合法，即订立劳动合同要遵循法定的程序和步骤，要约和承诺须符合法律规定的要求。例如，劳动者有权了解用人单位的有关情况，并应当如实地向用人单位提供本人的学历、工作经历和职业技能等证明。无效劳动合同，是指劳动者与用人单位订立的违反劳动法律、法规的协议。无效劳动合同从订立起就不具有法律效力，不受法律保护。无效劳动合同主要包括：违反劳动法律、法规的合同；采取欺诈、胁迫等手段订立的合同；因重大误解签订的劳动合同；内容显失公平的合同；劳动报酬和劳动条件等标准低于集体协议的合同。当发生劳动合同部分无效时，如果无效部分不影响其余部分效力，则其他部分仍然有效。当劳动合同双方对劳动合同法律效力发生争议时，应向劳动争议仲裁委员会申请仲裁或向人民法院提起诉讼。

劳动合同的内容主要包括劳动关系双方的权利和义务。劳动者的主要义务包括：

（1）劳动给付的义务，包括劳动给付的范围、时间和地点。劳动者应当按照合同约定的时间、地点亲自提供劳动。

（2）忠诚的义务，包括保守用人单位在技术经营管理和工艺等方面的秘密；在合同规定的时间和地点，服从用人单位及代理人的指挥和安排；爱护所使用的原材料和机器设备。

（3）附随的义务，即由于劳动者怠工或个人责任，使劳动合同义务不能履行或不能完全履行时，应负赔偿责任。

用人单位的主要义务则包括：

（1）劳动报酬给付义务，即按照劳动合同约定的支付标准、支付时间和支付方式按时足额支付劳动者工资，不得违背国家有关最低工资的法律规定，即集体协议规定的最低标准。

（2）照料的义务，即用人单位应为劳动者提供保险福利待遇，提供休息、休假等保障。劳动者享有职业培训权、民主管理权、结社权等，并为行使这些权利提供时间和物质条件保证。

（3）提供劳动条件的义务，用人单位有义务提供法律所规定的生产、工作条件和保护措施，如工作场所、生产设备等其他便利条件。提供劳动保护设备等劳动合同的条款分为法定条款和约定条款。法定条款，是指劳动法律法规所规定的，双方当事人签订劳动合同必须具备的条款，主要有劳动合同期限、工作内容、劳动保护和劳动条件、劳动报酬、劳动纪律、社会保险、劳动合同终止条件、违反劳动合同的责任。约定条款是双方当事人在必备条款之外，根据具体情况，经协商约定的条款。约定条款只要不违反法律和行政法规，具有与法定条款同样的约束力。

为了避免劳动者在用人单位出资培训后违约，用人单位可以在劳动合同中约定培训条款或签订培训协议，就用人单位为劳动者支付的培训费用、培训后的服务期以及劳动者违约解除劳动合同时赔偿培训费的计算方法等事项进行约定。

劳动合同的内容还包括：

（1）保守商业秘密。商业秘密，是指不为公众所熟知，能给用人单位带来经济利益，被用人单位采取保密措施的技术、经济和管理信息。保密条款一般包括需要保守商业秘密的对象、保密的范围和期限及相应的补偿。

（2）补充保险和福利待遇。用人单位和劳动者除应当依法参加社会保险外，可以协商约定补充医疗、补充养老和人身意外伤害等条款。

（3）第二职业条款。第二职业条款即约定劳动者是否可以从事第二职业以及如何从事第二职业的合同条款。我国有关法规（如《聘请科学技术人员兼职的暂行办法》）和政策规定，可从事第二职业的，只限于一定范围的劳动者。凡从事第二职业者，应当事先取得用人单位的同意或者在劳动合同中已做许可性约定。

四、劳动合同的变更

劳动合同的变更，是指劳动合同在履行过程中，经双方协商一致，对合同条款进行的修改或补充，具体包括工作内容、工作地点、工资福利的变更等。其实质是双方的权利、义务发生改变。合同变更的前提是双方原已存在合法的合同关系，变更的原因主要是客观情况发生变化，变更的目的是继续履行合同。劳动合同的变更一般是指内容的变更，不包括主体的变更。劳动合同依法订立后，即产生相应的法律效力，对合同当事人具有法律约束力。当事人应当按照约定履行自己的义务，不得擅自变更合同。但这不意味着当事人就没有在合同生效后，变更相应权利、义务的途径。恰恰相反，当事人既可以经自由协商变更合同，也可以在约定或法定的条件满足时，行使合同的变更权。

劳动合同的变更要遵循平等、自愿、协商一致的原则，任何一方不得将自己的意志强加给对方。劳动合同当事人一方要求变更劳动合同相关内容的，应当将变更要求以书面形式送交另一方，另一方应当在 15 日内答复，逾期不答复的，则视为不同意变更劳动合同。变更劳动合同的条件包括：①订立劳动合同时所依据的法律法规和规章发生变化，则应当依法变更劳动合同的相关内容；②订立劳动合同时所依据的客观情况发生重大变化，使劳动合同无法履行，当事人要求变更其相关内容，如企业转产、劳动者丧失部分劳动能力等；③用人单位发生合并或者分立等情况，原劳动合同继续有效，劳动合同由继承权利义务的用人单位继续履行。

第四节 国际人力资源管理

一、国际人力资源管理概述

进入 21 世纪，人类社会发生了巨大变化，世界经济的融合也日益突出。比如，越来越多的产品和服务纷纷跨出国门，出现在他国的市场中，这也正是中国制造的产品能走遍全球的原因。可以毫不夸张地说，在地球的任何一个角落，你都能找到来自中国的纺织品、鞋、五金等产品。而且，越来越多的投资和商业合并与兼并等也表现出了这种趋势。另外，越来越多的人在本国投资的外国企业工作，越来越多的人获得工作签证在他国工作；还有全球生产迅速一体化、跨国交易急剧增加，以及全球贸易量的迅速增长，均使人力、资本、商品、服务、技术和信息实现跨国流动成为必然，也就是经济的国际化和全球化的起源。

而在这一全球化的浪潮中，最主要的构成因素就是跨国公司。跨国公司的出现，依赖于人类科学技术的进步等因素，其中最主要的因素就是交通和通信技术。工业革命后，随着汽车和飞机等交通技术的发展，产品的运输成本越来越低，运输距离变长和周期变短，货物的地区和全球流通变得可能。而且，随着电话、无线通信、卫星通信和国际互联网等通信技术的日新月异，全球的沟通也变得及时，随时随地的商务沟通成为现实。当然，全球范围内人们教育水平的提高和移民潮的出现更使全球化愈演愈烈。除此之外，跨国公司的出现还有以下因素：

（一）商业活动追求低成本和高利润

20世纪60～80年代亚洲四小龙的出现，以及近年来中国成为"世界工厂"，都是全球产业调整的结果。主要就是劳动密集型产业从发达国家向发展中国家转移，而转移的原因便是发达国家由于高昂的劳动力成本挤压了利润空间，从而出现了产业向低劳动力成本国家和地区的转移。这一点近年来又有了一个新的变化。比如，随着中国劳动力成本的提升，近些年来一些纺织品生产已逐渐从中国转移到了劳动力成本更低的越南和印度。

（二）开拓新市场

新市场的开发不仅是企业面临竞争的结果，也是消费者不断寻求新产品和服务的结果。当然，最主要和最积极的参与者当然是企业。

（三）知识和人才

跨国公司不仅寻求低成本和市场，而且也非常重视全球范围内的人才和知识的竞争，特别是当这些潜在的人才背后还有巨大的可开发市场时。

（四）电子商务

国际互联网技术的发展，不仅改变了人们的沟通方式，也加速了全球化的进程。如今，连接全球的商务电子信息通道已经形成，电子商务打破了时空局限和贸易形态，而且也使更多的中小企业在较低成本的前提下，参与到了全球化的浪潮中。通过互联网，企业可以在全球范围内寻求商业合作伙伴。而且消费者也有了更多的选择。如今，电子商务所依托的虚拟市场是任何企业都不能忽视的市场，如2018年，我国的电子商务交易总额已经接近2万亿元人民币。

二、国际人力资源管理的权威定义

关于国际人力资源管理的权威定义，迄今为止还没有一个统一的界定。

美国学者约翰·伊凡瑟维奇认为，国际人力资源管理是国际化组织中人员管理的原则和实践。约翰·B·库仑认为，当将人力资源的功能应用于国际环境时，就变成了国际人力资源管理。

P·莫根说，国际人力资源管理是处在人力资源活动、员工类型和企业经营所在国类型这三个维度之中的互动组合。

舒勒认为，国际人力资源管理就是关于跨国公司的战略活动产生的并影响其国际事务和目标的人力资源管理问题、功能、政策和实践。

赵曙明指出，区分国内人力资源管理和国际人力资源管理的关键变量是后者在若干不同国家经营并招募不同国籍的员工所涉及的复杂性。国际企业人力资源管理，是指在世界经济一体化和区域经济集团化的趋势下，各国人力资源管理的理论与实践在不同文化背景下的（人力资源管理）一种融合。

我们认为，国际人力资源管理是对组织在经营范围拓展为多个国家的过程中人力资源管理本身职能（如招聘、甄选、培训、绩效管理、薪酬管理、职业生涯规划等）以及其职能的演化拓展实行整体、动态管理的过程。

对企业而言，国际人力资源管理应该能够帮助其应对快速的全球化进程，同时，能够保持和提升其市场竞争力。所以说，国际人力资源管理与企业活动的全球化紧密相连。

三、国际人力资源管理特点

（一）国际人力资源管理者要成为业务合作伙伴

国际人力资源管理者仅仅成为人力资源管理的专家是远远不够的，美国国际人力资源管理协会认为首先他要成为企业一线经理的业务合作伙伴。业务合作伙伴要求国际人力资源管理者协助一线经理统筹管理、共同承担责任，以促成目标绩效的有效实现，而不仅仅是像传统的 HR 那样仅仅提供支持性服务。

国际人力资源管理者要充分理解组织的规划目标，包括其法规政策、客户体系、商品服务等方面。理解人力资源各项活动和组织使命实现之间的关系，能够有效识别并利用对组织使命具有长远影响的因素。同时还要充分理解客户和企业文化，主动了解不同客户的组织特点及要求，确保提供专业有效的咨询和服务。另外，作为国际人力资源管理者，还要善于运用社会学和组织行为学的专业知识和战略实施来提升组织绩效，要从员工的需求角度，理解组织使命的内容和要求，理解在组织结构和运行中人力资源的角色定位，确保人力资源管理的有效运行。

（二）国际人力资源管理者要成为变革的推动者

作为一个国际人力资源管理者仅仅具有专业的人力资源知识技能和作为业务合作伙伴的能力是不够的，还要努力成为变革的推动者。这就要求国际人力资源管理者要能充分了解组织中变革的重要性及潜在的优势所在，并构建有利于变革的组织结构，坚持对创造性思维的灵活和开放的态度，鼓励支持员工尝试有价值的变革。同时要能够运用权威的、系统化的专业行为来赢得客户的信任和依赖。同时注意应具有极高的职业道德操守，要及时准确兑现对客户的承诺。还有要具有说服内外客户接受某项方案或措施的能力。能全面分析问题的优缺点，说服关联方接受最佳的行动方案，并随时与客户沟通，保证对客户的需求和关心的事物有动态把握。

（三）国际人力资源管理者要成为领导者

除了以上的理念外，国际人力资源管理者还要努力成为领导者，要了解工作的文化多元化对组织成功的潜在作用，同时重视人力资源管理体系的潜在影响，提倡以真诚的行为赢得他人的信任和自我价值的满足。礼貌公正地对待每一位客户，无论他们的组织级别和社会地位如何，都要一视同仁，提供高效的服务，以促进和保持组织行为的高度协调性。

（四）国际人力资源管理者要成为人力资源管理专家

国际人力资源管理者要紧紧围绕人力资源专家身份，在管理职能业务上保持专精，强化专业业务素质，不断提高专业管理水平。人力资源管理专家身份是保证成为业务合作伙伴、变革推动者和领导者的基础和根本。只有把人力资源管理的专业业务做扎实，才能更好地实现业务合作伙伴、变革推动者和领导者的职能。

国际人力资源管理在面对组织动态和变革的国际环境下，在传统人力资源管理职能的基础上强化了业务合作伙伴、变革推动者和领导者的三项职能。

四、国际人力资源管理发展态势

（一）国际人力资源管理发展的总态势

21 世纪国际人力资源管理的大环境发生了较大的变化，主要是经济全球化和知识化所带来的挑战。特别是全球金融危机后，这种表现就越发明显。全球经济与知识出现了较大的融合，并产生明显的联动效应，即相互的影响性逐渐加大。这就迫使企业在跨国化过程中，要更加重视国际的而不是仅仅是国内的竞争。人力资源管理者在面对日益复杂的国际化经营环境中必须具有国际化的视野，考虑并实施基于全球的战略性人力资源管理，才能不断保持自己的核心竞争力，并能保持生存与快速发展。在经济全球化的同时，知识经济已经成为当今和未来世界经济的主要方式。对知识型企业而言，需要更加重视知识管理和强调智力资本的管理，并不断将知识作为企业竞争优势的源泉。企业的员工尤其是知识工作者的人力资源，将被视为企业利润的源泉。在此基础上，人力资源管理及相应的组织安排被纳入企业战略管理领域，持续的组织学习和持续的员工管理与开发将成为企业的战略性武器。

随着管理环境的复杂化，国际人力资源管理的管理理念和管理重点也逐渐发生了比较大的变化。这种变化主要表现在以下几方面：

1. 管理理念

在管理理念上，由原来的关注人力资源管理职能技术、成为人力资源管理专家逐步过渡到成为业务合作伙伴，成为变革的推动者和领导者，同时也要不断强化人力资源专家职能。

2. 管理组织

在管理组织上，国际人力资源管理更加关注学习型组织与网络型组织。学习型组织和网络型组织具有学习的便利性和高效性。这两种组织模式起到了构建、强化和保持组织人才核心竞争力的作用。

3. 管理职能

在管理职能上更加强调组织战略导向与激励。同时突出核心业务管理职能以及业务外包。这对全球视野下国际人力资源管理提出了新的挑战。

4. 管理对象

国际人力资源管理的对象重点是知识型核心员工，随着企业国际化的深入，知识型核心员工的作用越来越明显，研究并管理和激励知识型核心员工的作用已经非常重要。

（二）国际人力资源管理发展的具体趋势

中国人民大学劳动人事学院彭剑锋教授讨论并提示了 21 世纪人力资源管理未来发展的十大趋势。

策略导向型的人力资源规划成为企业战略不可分割的一部分，持续竞争优势依靠的是智力资本的优势。更多的企业开始重视人力资源管理的战略性，人力资源管理在国际企业中已经逐步得到重视，地位逐步得到提升，管理高层已经意识到应当从战略角度思考人力资源管理。

人力资源管理状况成为识别企业竞争优势的重要指标，企业拥有的人力资源，现有的人力资源的数量、质量、结构，人力资源的流动性及稳定性、员工的满意度成为识别企业的核心竞争优势的重要标志。人力资源状况和企业的财务状况、市场状况一样开始受到重视，成为评判企业竞争优势的重要指标。

人力资源管理人员要成为具备人力资源管理专业知识和经营管理才能的通才，人力资源管理职位成为通往 CEO 的途径，人力资源是一种可以经营的资源，对人力资本、组织资本的经营成为可以给企业带来经营业绩的重要活动。人力资源管理者的角色发生了变化，由于全员客户概念的引入，员工成为客户，人力管理者直接面对市场。人力管理部门从一个辅助部门成为直接面对市场，可以为企业创造经济价值的业务部门。

以人为本的业绩辅导流程管理方式成为主流，通过沟通、辅导、培训达到提升员工能力、提升工作业绩的目的。管理人员的角色将由传统的"裁判员"向"教练员"转变。员工能力的提升和业绩的提高成为衡量管理者工作的重要指标。

人力资源管理的某些服务活动开始外包。业务外包是企业将有限资源集中于核心产品和服务的重要途径，通过外包，企业不仅可以降低新开业务的成本，同时可以获得专业化的服务，如人事代理、工资调查、特殊人才的猎头、人事档案等人力资源管理工作。这种外包业务原来由企业人力资源部门来实现，现在是由市场为企业提供服务，让企业仅仅关注其核心产品就足够了。

注重企业与员工共同成长的规划和职业生涯设计，企业、员工建立利益共同体，共同成长，通过有效的职业生涯规划与设计搭建企业与员工之间的共同成长机制。关注员工能力的提高，人力资源的开发与管理同等重要，建立员工与企业的共同成长机制不等于建立终身雇佣制，企业需要最合适的员工而非最优秀的员工。不能适应企业发展的员工将被淘汰出局，而对于无法满足其发展需求的员工，企业鼓励其流动。

动态目标管理绩效评价体系的建立成为人力资源管理核心课题，组织注重目标的实现，更关注目标实现的过程。对于传统绩效管理流于形式的弊端，通过对流程的控制，注重行为、强化控制加以改造，目标的实现将顺理成章。目标的制定和达成过程是一个动态的管理过程。目标管理和绩效评价体系的建立是人力资源管理部门面临的新课题。

第三章 人力资源管理职能的战略转型与优化

第一节 人力资源管理职能的战略转型相关研究

一、人力资源管理的职能

（一）基础职能

（1）工作分析。指对组织中某个工作岗位的目的、任务或职责、权力、隶属关系、工作条件、任职资格等相关信息进行收集与分析，以便对该岗位的工作做出明确的规定，并确定完成该工作所需要的行为、条件、人员的过程。

（2）组织设计。以企业组织结构为核心的组织系统的整体设计工作，指管理者将组织内各要素进行合理组合，建立和实施一种特定组织结构的过程。

（3）人力资源规划。从组织战略规划和发展目标出发，根据其内外部环境的变化，预测企业未来发展对人力资源的需求，以及为满足这种需要所提供人力资源的活动过程。

（二）识别人才职能

识别人才的能力。识人能力就是对一个人的特点、优势、特长以及成熟度有比较深入的了解，对蕴涵在员工身上的潜能具有一定的预测和判断能力。识别人才的方法主要是通过面试官与应聘者的交谈与观察，由表及里测评应聘者的知识、能力、经验等素质。

（三）选拔人才职能

（1）选拔录用。在招聘环节，根据人力资源规划和工作分析的数量与质量要求，采取科学的方法去寻找、吸引具备资格的个人到组织来任职，并从中选拔适宜人员予以录用。

（2）人员素质测评。测评者从特定的人力资源管理目的出发，运用各种测量技术，收集受测人在主要活动领域中的表征信息，对其进行全面系统的评价，从而为企业选拔合适人才。

（四）培育人才职能

员工培训与员工开发是指组织为开展业务及培育人才，通过多种方式对员工进行有目的、有计划的培养和训练，使员工在知识、技能、能力和态度等方面得到提高。

（五）使用人才职能

（1）绩效管理。即组织制定员工的绩效目标并收集与绩效有关的信息，定期对员工的绩效目标完成情况做出考核和反馈，以改善员工工作绩效并最终提高企业整体绩效的制度化过程。

（2）薪酬福利管理。即组织在经营战略和发展规划的指导下，综合考虑内外部各种因素的影响，确定自身的薪酬结构和薪酬形式，并进行薪酬调整和薪酬控制的整个过程。

（六）留用人才职能

（1）员工关系管理。是指组织中通过制定和实施各项人力资源政策和管理行为，来调节企业与员工、员工与员工之间的相互联系和影响，从而确保留住员工，使员工为企业持续服务。

（2）职业生涯管理。这是满足员工的职业发展自我期望与管理，协助员工规划其职业生涯，并提供必要的教育培训机会，竭力满足管理者、员工、企业三者需要的过程。

二、人力资源管理各职能活动之间的关系

人力资源管理各项职能之间相互联系、相互影响，共同组成一个有机的系统。

（一）工作分析与组织设计是前提

工作分析的结果是工作说明书和组织结构设计等，人力资源各职能活动开展的依据就是工作说明书和组织设计。人力资源规划依据工作说明书的工作职责、工作量和任职进行人力资源数量和质量预测；招聘信息的发布、录用选拔的标准依据工作说明书中的任职资格；培训开发的依据是工作说明书中的任职资格；绩效管理中考核指标的设计完全根据工作分析中的工作职责来确定；薪酬福利管理中的员工工资等级的确定，其依据是工作说明书；员工关系管理中，员工的工作任务、休息时间、劳动保护等，也来源于工作说明书；帮助员工制定职业生涯规划时，要考虑员工的工作基础，而工作基础与工作分析和工作设计密切相关。

（二）识人能力是基础

识人能力决定着招聘活动的成效，面试时识别人才的方法更是直接决定组织是否能招聘到合适人才；员工培训和开发必须要对该员工的能力和知识经验进行识别，才能保证培训的效果；组织在使用人才时必须要将员工放在合适的岗位上，做到事得其人，人尽其才，才有其用，而这些必须借助于对人才的识别；组织能否留用或淘汰人才，其基础是要识别其能力能否为组织带来效益。

（三）以绩效管理为核心

绩效管理在整个系统中居于核心地位，其他职能或多或少都要与它发

生联系。

（1）与人力资源规划的关系。对组织内部的人力资源供给进行预测时，需要对现有员工的工作业绩和能力等做出评价，而这些都属于绩效考核的内容。

（2）与员工招聘的关系。人力资源部门对来自不同渠道的员工的绩效进行比较，从中得出结论，以更好地选择招聘渠道。录用员工时，可依据绩效考核的结果来改进录用选拔的方式，以保证录用工作的有效性。同时有效的录用选拔结果将有助于员工实现良好的绩效。

（3）与员工培训开发的关系。员工的现实情况与职位说明书的要求进行比较，其中的差距就是培训的内容，而员工的现实情况表现必须借助绩效考核才能得到结果。

（4）与薪酬管理的关系。在设计薪酬体系时，一般企业都将员工的工资分为固定工资和浮动工资两部分，固定工资主要依据工资等级来支付，浮动工资则与员工的绩效水平相联系，因此绩效考核的结果会对员工的工资产生重要的影响。

（5）与员工关系管理的关系。员工关系管理的目的就是为了提高员工的绩效。通过员工关系管理，建立起一种融洽的氛围，可以提高员工的工作积极性，使员工更加努力地工作，从而实现组织整体绩效的提升。

（四）其他管理职能相互联系

招聘计划的制定要在人力资源规划的基础上进行；录用要在招聘的基础上进行，没有应聘，就无法进行选拔；培训开发要受到选拔结果的影响，如果选拔的新员工素质高，培训任务就较轻松；培训开发是员工的报酬福利的一个组成部分；员工关系管理目标的实现要依靠培训开发和绩效薪酬管理，这是提高员工的组织承诺度的重要手段；职业生涯管理设计的基础要依据员工关系管理，如劳动合同签订期限的长短是职业生涯管理首先考虑的内容。

三、人力资源管理职能的战略转型

（一）以战略和客户为导向的人力资源管理

近年来，随着经济全球化步伐的加快，企业经营环境日趋复杂化，技术进步尤其是网络和信息技术突飞猛进，员工队伍、社会价值观以及组织所处的内外部环境都发生了很大变化，这些情况使组织中的人力资源管理职能面临着越来越严峻的挑战。在这种情况下，出现了很多关于人力资源管理职能的变革，如人力资源管理应当从关注运营向关注战略转变；从关注短期向关注长期转变；从行政管理者向咨询顾问转变；从以职能管理为中心向以经营为中心转变；从关注内部向关注外部和客户转变；从被动反应向主动出击转变；从以完成活动为中心向以提供解决方案为中心转变；从集中决策向分散决策转变；从定性管理向定量管理转变；从传统方法向非传统方法转变；从狭窄视野向广阔视野转变，等等。

毋庸置疑，上述想法都有一定道理，但必须强调的一点是，人力资源管理职能的战略转变并不意味着人力资源管理彻底抛弃过去所做的一切，相反，现代人力资源管理职能必须在传统和现代之间找到一个适当的平衡点，只有这样才能为组织的经营和战略目标的达成提供附加价值，帮助组织在日益复杂的环境中获得竞争优势。

人力资源管理在一个组织的战略制定以及执行过程中起着非常重要的作用，它不仅被运用于组织制定战略的过程中，而且要负责通过制定和调整人力资源管理方案和计划来帮助组织制定的战略被贯彻和执行。然而，人力资源管理职能部门要想在组织中扮演好战略性的角色，就必须对传统的人力资源管理职能进行重新定位；同时，要围绕新的定位来调整本部门的工作重点及在不同工作活动中所花费的时间。

如果想把人力资源管理定位为一种战略性职能，就必须把人力资源部门当成是一个独立的经营单位，它具有自己的服务对象，即内部客户和外部客户。为了向各种内部客户提供有效的服务，这个经营单位需要做好自己的战略管理工作，在组织层面进行的战略规划设计过程，同样也可以在人力资源管理职能的内部进行。近年来，在人力资源管理领域中出现了一个与全面质量管理哲学一脉相承的新趋势，那就是企业的人力资源部门应当采取一种以客户为导向的方法来履行各种人力资源管理职能，即人力资源管理者应把人力资源管理职能当成一个战略性的业务单位，从而根据客户基础、客户需要以及满足客户需要的技术等，来重新界定自己的业务。

以客户为导向，是人力资源管理在试图向战略性职能转变时，所发生的一个最为重要的变化。这种变化的第一步就是要确认谁是自己的客户。需要得到人力资源服务的直线管理人员，显然是人力资源部门的客户；组织的战略规划团队，也是人力资源部门的客户，因为这个小组也需要在与人有关的业务方面，得到确认、分析，并且获得建议；此外，员工也是人力资源管理部门的客户，他们与组织确立雇佣关系后，获得的报酬、绩效评介结果、培训开发计划以及入离职手续的办理等，都是由人力资源部门来管理的。

第二步是确认人力资源部门的产品有哪些。直线管理人员希望录取到忠诚、积极、高效且具有献身精神的高质量员工；战略规划团队不仅需要在战略规划过程中获得各种信息和建议，而且需要在战略执行过程中得到诸多人力资源管理方面的支持；员工则期望得到一套具有连续性、充足性以及公平性特征的薪酬福利方案，同时还希望能够得到公平的晋升以及长期的职业生涯发展机会。

最后一个步骤是，人力资源部门要清楚，自己应通过哪些技术来满足这些客户的需求。不同的客户，需求是不同的，因此，运用的技术也应该不同。人力资源部门建立的甄选系统，必须能够确保所有被挑选出来的求职者都具有为组织带来价值增值所必需的知识、技术和能力。如培训和开发系统需要能够通过为员工提供发展机会，来确保他们不断增加个人的人力资本储备，为组织获取更高的价值，从而最终满足直线管理人员和员工双方的需求。绩效管理系统需要向员工表明，组织对他们的期望是什么，它还要向直线管理人员和战略制定者保证，员工的行为将与组织的目标保持一致。此外，报酬系统需要为所有的客户（直线管理人员、战略规划人员以及员工）带来收益。总之，这些管理系统必须向直线管理人员保证，员工将运用他们的知识和技能服务于组织的利益；同时，它们还必须为战略规划人员提供相应的措施，以确保所有的员工都采取对组织的战略规划有利的行为。最后，报酬系统还必须为员工所做的技能投资及其所付出的努力提供等价的报酬。

人力资源管理部门的客户，除了组织的战略规划人员、直线经理以及员工外，还有另外一类非常重要的客户，即外部求职者。在当前人才竞争日益激烈的环境中，人力资源部门在招募、甄选人才的过程中表现出的专业精神、整体素质、组织形象等，不仅直接关系到组织是否有能力雇用到高素质的优秀员工，而且对组织的雇主品牌塑造、在外部劳动力市场上的形象都有重要的影响。因此，人力资源部门同样应当关注这些外部客户，设法满足他们的各种合理需求。

（二）人力资源管理职能的工作重心调整

在现实中，很多企业的人力资源管理者经常抱怨自己不受重视。他们认为，他们在招聘、培训、绩效管理、薪酬管理等很多方面做了大量工作，受了不少累，但却没有真正受到最高领导层的重视。自己的一些工作得不到高层的有力支持，很多业务部门也不配合，就像是在"顶着磨盘跳舞，费力不讨好"。为什么会出现这种情况呢？除了组织自身的问题外，与人力资源管理部门未能围绕组织战略的要求，调整自己的工作重心，未能合理安排在不同的工作活动中投入的时间和精力也有很大的关系。从理想的角度来说，人力资源管理职能在所有涉及人力资源管理的活动中，都应该非常出色，但是在实践中，由于面临时间、经费以及人员等方面的资源约束，人力资源管理职能想要同时有效地承担所有工作活动，往往是不可能的。于是，人力资源部门就必须进行这样一种战略思考，即应当将现有的资源分配到哪里以及如何进行分配，才最有利于组织的价值最大化。

　　对人力资源管理活动进行类别划分的方法之一，是将其归纳为变革性活动、传统性活动和事务性活动。变革性活动主要包括知识管理、战略调整和战略更新、文化变革、管理技能开发等战略性人力资源管理活动；传统性活动主要包括招募和甄选、培训、绩效管理、薪酬管理、员工关系管理等传统的人力资源管理活动；事务性活动主要包括福利管理、人事记录、员工服务等日常性事务活动。

　　在企业中，这三类活动耗费人力资源专业人员的时间比重大体上分别为 5% ～ 15%、15% ～ 30% 和 65% ～ 75%。显然，大多数人力资源管理者把大部分时间花在了日常的事务性活动上，在传统性人力资源管理活动上花费的时间相对较少，在变革性人力资源管理活动上所花费的时间更是少得可怜。事务性活动的战略价值较低；传统性人力资源管理活动，尽管构成了确保战略得到贯彻执行的各种人力资源管理实践和制度，也只具有中度的战略价值；而变革性人力资源管理活动，则由于能够帮助企业培育长期发展潜力，提高企业的适应性，而具有最高的战略价值。由此可见，人力资源管理者在时间分配方面显然存在问题。他们应当尽量减少在事务性活动和传统性活动上花费的时间，将时间更多地用于具有战略价值的变革性活动。如果人力资源专业人员在这三种活动上的时间分配能够调整到 25% ～ 35%、25% ～ 35% 和 15% ～ 25%，即增加他们在传统性尤其是变革性人力资源管理活动方面花费的时间，那么人力资源管理职能的有效性必能得到大幅提高，为企业增加更多的附加价值。

　　然而，压缩人力资源管理职能在事务性活动上所占用的时间，并不意味着人力资源部门不再履行事务性人力资源管理活动；相反，人力资源部门必须继续履行这些职能，只不过可以通过一种更为高效的方式来完成这些活动。

四、人力资源专业人员的角色与胜任素质

（一）人力资源专业人员扮演的角色

在人力资源管理职能面临更高要求的情况下，人力资源专业人员以及人力资源部门，应如何帮助组织赢得竞争优势，以及实现组织的战略目标呢？人力资源管理者以及人力资源部门，在组织中应当扮演好哪些角色呢？很多学者和机构都对此进行了研究。

卡罗尔提出，人力资源管理专业人员主要应当扮演好三个方面的角色，即授权者、技术专家以及创新者。授权者，是指人力资源管理人员授权直线管理人员成为人力资源管理体系的主要实施者；技术专家，是指人力资源专业人员要从事与薪酬以及管理技能开发等有关的大量人力资源管理活动；创新者，是指人力资源管理者需要向组织推荐新的方法，来帮助组织解决各种与人力资源管理有关的问题，如生产率的提高以及由疾病导致的员工缺勤率突然上升等。

斯托雷在 20 世纪八九十年代，广泛参与了在英国开展的关于人力资源管理特点的大讨论，他基于干涉性与不干涉性和战略性与策略性这两个维度，提出人力资源管理者及其部门应当扮演顾问、仆人、管制者以及变革实现者四种角色。顾问，是指人力资源管理者应当了解人力资源管理领域的各种最新进展，然后让直线管理人员来实施各种相关的变革；仆人，是指人力资源管理者在提供服务时要以客户为导向，努力成为直线管理人员的助手和服务者；管制者，是指人力资源管理者需要制定和宣传各项雇佣规则，并且负责监督执行情况，这些规则既包括公司的各项人事程序手册，也包括与工会签订的集体合同；变革实现者，则是说人力资源管理者应当根据组织的经营需要，将员工关系置于一套新的基础之上。

在人力资源管理者以及人力资源管理部门所扮演的角色方面，密歇根大学的戴维·乌尔里奇教授也提出了一个简明分析框架。乌尔里奇认为，一个组织的人力资源部门所扮演的角色和职责主要反映在两个维度上：一

是人力资源管理工作的关注点是什么；二是人力资源管理的主要活动内容是什么。从关注点来说，人力资源管理既要关注长期的战略层面的问题，同时也要关注短期的日常操作层面的问题。从人力资源管理活动的内容来说，人力资源管理既要做好对过程的管理，同时也要做好对人的管理。基于这两个维度，产生了人力资源管理需要扮演的四种角色，即战略伙伴、行政专家、员工支持者以及变革推动者。

1. 战略伙伴

这一角色的主要功能是对战略性的人力资源进行管理。也就是说，人力资源管理者需要识别能够促成组织战略实现的人力资源及其行为和动机，要将组织确定的战略转化为有效的人力资源战略和相应的人力资源管理实践，从而确保组织战略的执行和实现。人力资源管理者通过扮演战略伙伴的角色，能够把组织的人力资源战略和实践，与组织的经营战略结合起来，从而提高组织实施战略的能力。

2. 行政专家

这一角色的主要功能是对组织的各种基础管理制度进行管理，要求人力资源管理者能够通过制定有效的流程，来管理好组织内部的人员配置、培训、评价、报酬、晋升以及其他事务。尽管人力资源管理职能向战略方向转变的趋势在加强，但是人力资源管理这些传统的角色，对于成功经营一个组织来说，仍然是不可或缺的。作为组织的基础管理责任人，人力资源管理者必须能够确保这些组织流程的设计和实施的高效率。实现这一目标有两条途径：一是通过重新思考价值创造过程，调整和优化组织的人力资源管理制度、流程以及管理实践，从而提高效率；二是通过雇佣、培训和回报，帮助组织提高生产率、降低成本，从而提升组织的总体效率。在人力资源管理流程再造的过程中，很多组织都采用了共享人力资源服务中心的新型人力资源部门结构设计。

3. 员工支持者

这一角色的主要功能是对员工的贡献进行管理，即将员工的贡献与组织经营的成功联系在一起。人力资源管理专业人员可以通过两条途径确保将员工的贡献转化为组织经营的成功：一是确保员工具有完成工作所需要的能力，二是确保他们有勤奋工作的动机以及对组织的信任。无论员工的技能水平多高，只要他们与组织疏远，或者内心感到愤愤不平，他们就不可能为企业的成功贡献力量，并且也不会在组织中工作太长的时间。为了扮演好员工支持者的角色，人力资源部门及其工作者必须主动倾听员工的想法，了解他们在日常工作中遇到的问题、他们关注的事情，以及他们的需求。人力资源部门不仅自己要扮演好员工的倾听者和激励者的角色，而且要通过培训、说服以及制度引导的方式，确保员工的直接上级也能够了解员工的想法以及他们的意见和建议，只有这样，才能真正建立员工和组织之间的心理契约，积极主动地开发人力资源，把员工的贡献和组织经营的成功真正联系到一起。

4. 变革推动者

这一角色的主要功能是对组织的转型和变革过程进行管理。转型意味着一个组织要在内部进行根本性的文化变革。人力资源专业人员既要做组织文化的守护神，也要成为文化变革的催化剂，积极促成必要的组织文化变革，从而帮助组织完成更新过程。在组织变革的过程中，人力资源专业人员要帮助组织确认并实施变革计划，其中可能涉及的活动主要包括：找出并界定问题、建立信任关系、解决问题、制定并实施变革计划等。在当今这个急剧变化的竞争环境中，人力资源管理者必须确保组织拥有能够持续不断进行变革的能力，并且帮助组织确定是否有必要进行变革以及对变革的过程进行管理。变革推动者的角色，还要求人力资源专业人员在尊重组织历史文化的基础上，帮助员工顺利地接受和适应新文化。研究表明，能否扮演好变革推动者的角色，可能是决定一个组织的人力资源管理工作是否能够取得成功的最为重要的因素。

此外，国际公共部门人力资源管理学会也提出了一个模型，来阐明人力资源管理者在公共部门中所应当扮演的四大角色，即人力资源专家、变革推动者、经营伙伴以及领导者。其中，人力资源专家的角色，强调人力资源专业人员应当做好传统的人力资源管理中的各项专业技术工作；变革推动者的角色，强调人力资源专业人员一方面要帮助直线管理人员应对变革，另一方面要在人力资源管理职能领域内部进行有效的变革；经营伙伴的角色，强调人力资源专业人员不仅要告诉直线管理人员不能做什么，更重要的是要向他们提供有助于他们解决组织绩效难题的有效建议，参与组织的战略规划，围绕组织的使命和战略目标来帮助组织达成目的；领导者的角色，实际上强调了人力资源专业人员一方面必须对功绩制原则以及其他道德伦理要保持高度的敏感，另一方面也要平衡好员工的满意度、福利，与组织的要求和目标之间的关系。

（二）人力资源专业人员的胜任素质模型

与人力资源管理专业人员及其在部门所扮演的角色高度相关的一个问题是：人力资源管理的专业人员需要具备怎样的能力，才能达到组织对人力资源管理工作所提出的战略要求？对此，很多学者和机构都进行了研究。下面主要介绍三种观点：第一种是戴维·乌尔里奇的研究结果，第二种是霍蒙德·诺伊等人的观点，第三种是国际公共部门人力资源管理学会提出的人力资源专业人员胜任素质模型。

1. 戴维·乌尔里奇等人关于人力资源专业人员胜任素质模型的研究

在人力资源专业人员胜任素质模型研究方面，戴维·乌尔里奇和韦恩·布鲁克班克所领导的研究具有非常大的影响力。乌尔里奇等人主持的研究始于 1988 年，至今一共进行了五轮，后续的四轮研究分别完成于 1992 年、1997 年、2002 年以及 2007 年。这项研究的目的是发现人力资源管理专业人员需要具备的胜任素质，同时追踪人力资源管理领域的最新发展趋势，从而帮助人力资源管理者及其所在部门了解如何使自己为组织创造更多的价值。

在近 20 年的时间里，该项研究累计调查了 4 万名人力资源管理专业人员以及直线管理人员。前三轮调查的数据主要在美国收集，从 2002 年开始，数据的收集范围扩大到了包括北美洲、南美洲、亚洲、欧洲在内的全球四大洲。在 1988 年和 1992 年的调查中，研究小组一共发现了三大类胜任素质，即经营知识、人力资源管理职能履行能力以及变革管理能力。到 1997 年，又增加了两大类胜任素质，即文化管理能力和个人可信度。2002 年确立的模型，包括五大类胜任素质，即战略贡献能力、个人可信度、经营知识、人力资源服务能力以及人力资源技术运用能力。这五大类胜任素质分别如下：

第一，战略贡献能力，是指人力资源管理者必须能够管理文化，为快速变革提供便利条件，参与战略决策。同时，它还要求人力资源专业人员必须能够创造"市场驱动的连通性"，不仅要关注"内部客户"，同时还要密切关注组织的"外部客户"。在人力资源专业人员对于组织的经营业绩所做的贡献中，战略贡献能力占 43%，几乎是其他胜任素质的 2 倍。

第二，个人可信度，是指人力资源专业人员，在人力资源同事以及作为本人服务对象的直线管理人员心目中，是值得信赖的。在这方面，人力资源专业人员不仅需要与本业务领域内外的关键人物建立有效的关系，而且要建立起可靠的追踪记录。此外，他们还必须掌握有效的书面和口头沟通技巧。

第三，人力资源服务能力，包括人员配置能力、开发能力、组织结构建设能力和绩效管理能力。其中，配置能力要求人力资源专业人员必须有能力吸引、保留、晋升员工，以及在必要时将某些员工安排到组织的外部。开发能力，主要是指他们能够设计开发方案、提供职业规划服务，以及为内部沟通过程提供便利的能力。这里的开发对象，既包括员工，也包括组织。组织结构建设能力，则是指能够重组组织流程、衡量人力资源管理实践对组织的影响，以及处理人力资源管理实践的全球化问题的能力。

第四，经营知识，是指人力资源专业人员对于组织所处的业务领域以及行业的理解程度，最关键的知识领域包括对组织整体价值链（组织是如何进行横向整合的）和组织价值主张（组织是如何创造财富的）的理解。

第五，人力资源技术运用能力，则是指人力资源专业人员，在人力资源管理领域中运用各种技术的能力，以及利用电子化和网络手段，向客户提供价值服务的能力。这是因为在工作中，技术已成为提供人力资源服务的重要载体。

马尔里奇等学者 2007 年公布的调查结果，覆盖的范围包括北美洲、南美洲、欧洲各国，以及中国、印度和澳大利亚，发现了三个与人口结构有关的趋势。其一，人力资源领域中的女性工作者的占比在上升。1988 年，仅有 23% 的被调查者为女性；到 2007 年，这一比例已经上升到了 54%。其二，很多人是从其他领域进入人力资源领域的，很多人的工作年限要长于他们在人力资源领域中的工作年限。其三，在中国的人力资源专业人员中，有大量的新进入者，60% 的被调查者在人力资源领域中的工作时间不足5 年。

此次调查表明，人力资源专业人员必须具备与人打交道和与业务打交道两个方面的胜任素质。一个只强调人，而忽略业务的人力资源专业人员，可能会受到别人的喜欢和拥护，但是不会获得成功，这是因为他所做的工作并不能推动业务目标的实现。如果一个人力资源专业人员只关注业务，而对人的因素不够敏感，也不会取得成功，这是因为尽管他能够确保业务在短期内做得很好，但是人们不会喜欢和拥护他。基于人和业务两个维度，新的人力资源胜任素质模型主要包括可靠的行动者、文化和变革统管者、人才管理者 / 组织设计者、战略构建者、运营执行者、业务支持者六大类。这些胜任素质所要解决的，分别是关系、流程和组织能力三个层面的问题。新模型特别强调：人力资源的胜任素质不仅仅是指知识，还有运用这些知识的能力，即知道应当如何去做。

第一，可靠的行动者。它是指人力资源专业人员不仅要可靠（即能够赢得别人的尊重、赞赏，别人愿意倾听他们的意见），而且必须是积极的行动者（即提供意见和观点、表明立场、挑战假设）。可靠但不能采取行动的人力资源专业人员，虽然会得到别人的赞赏，但是不能形成影响力；而那些积极采取行动，但是并不可靠的人力资源专业人员，没有人会听他们的话。在这方面，人力资源专业人员需要以诚信的方式达到目的，分享信息，建立信任关系，以某种姿态（承受适度的风险、提供坦诚的评论、影响他人等）来完成人力资源工作。

第二，文化和变革统管者。它是指人力资源专业人员必须认识到并展现组织文化的重要性，同时帮助组织形成自己的组织文化。文化是一整套活动，而不是单个的事件。在理想状态下，文化首先应当从澄清组织外部客户的期望（组织的身份或品牌）入手，然后将这些期望转化为内部员工以及整个组织的行为。作为文化的统筹管理者，人力资源专业人员应当尊重组织过去的文化，同时帮助组织塑造新的文化。此外，成功的人力资源专业人员应能够通过两种途径为组织变革提供便利条件：一是帮助组织形成文化，二是制定一系列的规章制度来推动变革在整个组织中发生。或者说，他们帮助组织将大家已经明白的事情，转化为大家的实际行动。在这方面，人力资源专业人员需要为变革提供便利、构建文化、重视文化的价值、实现文化的个人化（帮助员工找到工作的意义、管理工作和生活的平衡、鼓励创新等）。

第三，人才管理/组织设计者。它是指人力资源专业人员必须掌握人才管理和组织设计方面的相关理论、研究成果以及管理实践。人才管理者关注的，是胜任素质要求，以及员工是如何进入一个组织、在组织内晋升、跨部门调动或者离开组织的。组织设计者关注的，则是一个组织是如何将各种能力（比如合作能力）嵌入到决定组织运行的结构、流程以及政策的。人力资源管理既不是仅关注人才，也不是仅关注组织，而是同时关注两者。一个组织在缺乏支持的情况下，是无法长期留住优秀人才的；一个组织如果缺乏具备扮演关键角色所需的胜任素质的人才，则无法达成预期目标。人力资源专业人员需要保证组织当前以及未来的人才需要，开发人才，构造组织，促进沟通，设计组织的报酬体系等。

第四，战略构建者。它是指人力资源专业人员对于组织未来获得成功的方式，应当有一个清晰的愿景，并且当组织在制定实现这一愿景的战略时，应扮演积极的角色。这就意味着，人力资源专业人员必须能够认清业务发展的趋势，以及它们可能对业务产生的影响，预见到组织在取得成功的过程中可能会遇到的潜在障碍；同时，要在组织制定战略的过程中，提供各种便利条件。此外，人力资源专业人员还应当能够通过将内部组织和外部客户的期望相联系的方式，为组织总体战略的制定贡献自己的力量。在这方面，人力资源专业人员需要保持战略灵活性，同时积极关注客户。

第五，运营执行者。它是指人力资源专业人员还应当承担在管理人和组织时，需要完成的操作方面的事务。他们需要起草、修订以及实施各种政策。此外，员工也会产生很多行政管理方面的需要（比如领取薪酬、工作调动、雇佣手续办理、得到培训等）。人力资源专业人员必须通过技术、共享服务以及外包等手段，来确保员工的这些基本需要得到满足。如果人力资源专业人员能够无缺陷地完成这些操作性工作，并且保持政策应用的一致性，人力资源的操作性工作就会变得可靠。在这方面，人力资源专业人员应当执行工作场所的各种政策，同时推动与人力资源管理有关的各项技术进步。

第六，业务支持者。它是指人力资源专业人员要制定能够对组织外部的机会和威胁做出反应的方案，保证组织的经营取得成功。人力资源专业人员需要通过了解组织开展业务的社会背景或环境，为组织经营的成功做出贡献，他们还应当知道组织是怎样赚钱的，即企业的价值链（谁是公司的客户？他们为什么要购买公司的产品或服务？）。最后，他们还必须深刻理解组织经营中的各个方面（比如财务、市场、研发以及工程技术等），知道自己应当完成哪些工作任务，应该怎样协同完成工作，从而帮助组织盈利。在这方面，人力资源专业人员需要服务于价值链，解释组织所处的社会背景，明确组织的价值主张，以及充分发挥各种业务技术的作用。

2.雷蒙德·A·诺伊等人关于人力资源专业人员胜任素质模型的研究

人力资源管理学者雷蒙德·诺伊等人，也提出了包括人际关系能力、决策能力、领导能力以及技术能力在内的人力资源专业人员胜任素质模型。

（1）人际关系能力。人际关系能力，是指理解他人并与他人协调合作的能力。这种能力，对于今天的人力资源管理工作者来说，十分重要。人力资源管理工作者需要了解，在帮助组织赢得竞争优势时，组织成员扮演的角色，同时还要了解组织的哪些政策、项目以及管理实践，能够帮助员工扮演好所需扮演的角色。此外，今天的人力资源专业人员，还必须熟练掌握沟通、谈判以及团队开发方面的技能。

（2）决策能力。人力资源管理者需要做出各种类型的决策，这些决策不仅会影响到员工能否胜任工作，以及能否得到充分的激励，还会影响到组织能否高效运营。在那些要求人力资源部门扮演战略支持角色的组织中，要求人力资源决策者能够在战略问题上运用自己的决策能力。这就要求人力资源决策者，必须拥有组织经营和业务方面的知识，同时还要有能力通过成本—收益分析，为组织提供各种可行性的选择。最后，在进行人力资源决策时，人力资源专业人员还必须考虑到各种可供选择的方案所体现的社会含义和伦理道德含义。

（3）领导能力。人力资源管理者在处理涉及组织的人力资源问题时，需要扮演领导者的角色。人力资源专业人员要想帮助组织管理好变革过程，就必须具有一定的领导力。这就需要人力资源管理者要做好诊断问题、实施组织变革、评价变革结果的工作。由于变革往往会带来冲突、抵制以及思想混乱，人力资源专业人员必须有能力对整个变革过程进行监控，能够提供各种方法来帮助组织克服变革过程中所遇到的障碍，指导员工如何在新的条件下完成工作，同时激发员工的创造力。

（4）技术能力。这里的技术能力，是指人力资源管理领域中的专业技能，即人力资源专业人员需要掌握的人员配备，人力资源开发、报酬、组织设计等方面的知识。新的甄选技术、绩效评价方法、各种培训项目以及激励计划不断涌现，并且大多需要运用新的软件和计算机系统。此外，每年都会有新的法律出台，这就需要人力资源专业人员要掌握这些法律的知识，这也是技术能力方面的要求。人力资源专业人员需要根据人力资源管理的基本原则和企业价值要求，对这些新技术进行认真细致的评价，以判断哪些技术对组织是有价值的。

3.国际公共部门人力资源管理学会关于人力资源专业人员胜任素质模型的研究

国际公共部门人力资源管理学会提出的公共部门人力资源专业人员胜任素质模型一共包括22项，这些胜任素质与公共部门人力资源管理者所扮演的四种重要角色，即变革推动者、经营伙伴、领导者以及人力资源专家之间的关系对应。其中，人力资源专家角色所对应的能力只有一项，即通晓人力资源管理方面的各项法律和政策。这些胜任素质的基本定义如下。

（1）理解公共服务环境的能力。能够跟踪可能会影响组织及其人力资源管理的各项政治和法律活动；理解通过政治过程产生的法律、法令以及法规的内容和文字，确保组织的执行过程与法律和政治变革所要达成的目标保持一致。

（2）知晓组织使命的能力。能够理解组织存在的目的，包括其法律地位、客户、提供的产品或服务以及组织使命达成情况的衡量指标；能够在各项人力资源管理活动和使命的成功达成之间建立必要的联系；跟踪、了解可能会在未来对组织使命产生影响的各种因素。

（3）理解业务流程的能力。能从更大的组织经营角度，理解人力资源管理计划所要承担的职责；能够认识到变革的必要性，并且通过实施变革来提高组织的效率和有效性。

（4）理解团队行为的能力。能够运用团队行为方面的知识，帮助组织达成长期和短期的目标；同时注意跟踪了解能够运用于组织的各种最新的人员激励方法和团队工作方法。

（5）设计和实施变革的能力。能够意识到变革的潜在利益，并且能够创造支持变革的基本条件；对新的思想保持灵活性和开放性，鼓励其他人认可变革的价值。

（6）良好的沟通能力。能够清晰且具有说服力地表达思想以及交换信息；能够基于组织的经营结果和目标，而不是人力资源管理的技术术语来进行交流；能够与组织各个层级的人员进行有效沟通。

（7）创新能力以及风险承担能力。具备超常规思考的能力，以及在使命需要的情况下，创造和表达超出现有政策范围的新方法的能力。

（8）评价和平衡具有竞争性的价值观的能力。根据组织使命的要求，持续对当前和未来需要完成的各项工作进行评估，管理各种相互竞争的工作和各项工作任务安排；与高层管理者保持紧密联系，以确保理解组织使命要求优先完成的各项任务；向关键客户解释工作重点和优先顺序，以确保他们能够理解工作重点和有限顺序的决策过程。

（9）运用各项组织开发原则的能力。随时了解能够用于改进组织绩效的各种社会科学知识，以及人类行为战略；制定有助于促进组织内部学习的战略；通过提供更多的建议，为员工个人的成长创造更多的机会。

（10）理解经营系统思维的能力。在人力资源管理的工作过程中，能够运用整体性的系统思维方式；在向各类客户提供建议和解决方案时，确保考虑到各种内部和外部的环境因素。

（11）将信息技术运用于人力资源管理领域的能力。关注和了解对改善组织人力资源管理的效率和有效性存在潜在价值的已有技术或新技术；能够在适当的时候，提出在组织中采用新的人力资源信息技术的建议。

（12）理解客户和组织文化的能力。对客户组织的特点进行研究，以确保自己提出的帮助和咨询建议是恰当的；时刻关注文化差异，确保所提供的服务是符合客户文化要求的。

（13）良好的分析能力。对不同来源的数据和信息进行多重分析，并且得出符合逻辑的结论；能够认识到可以获得的数据和需要的数据之间存在的差距，提出其他获得所需数据的途径。

（14）通晓人力资源管理法律和政策的能力。跟踪、了解影响人力资源管理计划的各种法律法规；能够关注和运用这些法律法规的内容，来帮助组织管理人力资源。

（15）咨询和谈判能力（含争议解决能力）。采取行动解决问题或协助解决问题；了解各种解决问题的技术，并且能够运用这些技术或建议。

（16）形成共识和建立联盟的能力。运用形成共识的能力，在个人或群体之间达成合作；客观总结反对的观点；综合各种观点，达成一个共同立场或一份协议；通过展现事实和说服力，与管理者就分歧达成妥协；在意见出现分歧时，拿出一个替代性的方案；当正在采取的行动与法律要求或高层的政策要求不一致时，知道应当在何时以及如何将问题提交给更高级别的直线管理者；当一件事情关乎组织的使命或声誉的时候，能够坚持自己正确的立场。

（17）建立信任关系的能力。诚实正直，并且能够通过展现专业行为，来赢得客户的信任；及时、准确、完整地履行承诺；严守秘密，不滥用接触机密信息的特权。

（18）建立人力资源管理与组织使命和服务结果之间联系的能力。理解组织使命的需要及履行使命的人员需求；理解人力资源管理在组织中应扮演的角色，并调整自己的行为和工作方法，与这种角色保持一致。

（19）以客户服务为导向的能力。紧随组织氛围和使命所发生的变化，对客户的需求和关注点保持高度敏感；对客户需求、客户提出的问题以及关注的问题，及时、准确地做出反应。

（20）重视和促进多元化的能力。能够理解一支多元化的员工队伍对于组织的潜在贡献；能够意识到人力资源管理流程对于组织多元化的潜在影响，确保多元化的需要能够得到重视。

（21）践行并推动诚实等道德行为的能力。以一种展现出对别人的信任，且能够获得他人信任的方式，来采取行动；公平、礼貌、有效地对客户的需求做出反应，无论他们在组织中所处的位置和层级怎样。

（22）营销和代表能力。就为何实施某些项目，或采取某些行动，以及可能达成的有利结果等事宜，说服内部和外部客户；总结对某一个问题的正反两方面意见，说服相关各方采取最有利的行动方案；确保客户能够意识到人力资源管理角色的重要性。

第二节　人力资源管理职能的优化

一、循证人力资源管理

（一）循证人力资源管理的内涵

目前，企业已充分认识到人力资源管理对于组织战略目标的实现和竞争优势的获得，具有的重要战略作用。不仅是人力资源专业人员，而且组织内各级领导者和管理者，在人力资源管理方面投入的时间、精力、金钱也在逐渐增多。组织期望自己的人力资源管理政策和实践，能够帮助自己吸引、招募和甄选到合适的员工，进行科学合理的职位设计和岗位配备，实现高效的绩效管理和对员工的薪酬激励等。但是，随着人力资源管理的投入不断增加，企业也产生了一些困惑。其中的一个重要疑问就是，这些人力资源管理政策、管理活动以及资金投入是否获得了相应的回报，达到了预期的效果？这就要求对组织的人力资源管理活动进行科学的研究和论证，以可靠的事实和数据来验证人力资源管理的有效性，进而不断实施改进；不能仅仅停留在一般性的人力资源管理潮流、惯例，甚至各种似是而非的"说法"上，这种做法被称为"循证人力资源管理"，又被译为"实证性人力资源管理"，或"基于事实的人力资源管理"。

循证的实质是强调做事要基于证据，而不是模糊的设想或感觉等。它起源于 20 世纪末兴起的循证医学。有越来越多的政府机构和公共部门决策者，开始意识到循证政策的重要性。英国政府在 1999 年发布的《实现政府现代化》白皮书中，明确将循证政策作为其行为准则。循证的理念很快渗透到管理学领域。循证管理的中心思想，就是要把管理决策和管理活动建立在科学依据之上，通过收集、分析、总结和应用最佳、最合适的科学证据，来进行管理，对组织结构、资源分配、运作流程、质量体系和成本运营等做出决策，不断提高管理效率。

循证人力资源管理，实际上是循证管理理念在人力资源管理领域的一种运用，它是指运用数据、事实、分析方法、科学手段、有针对性的评价以及准确的案例研究，为人力资源管理方面的建议、决策、实践以及结论提供支持；简言之，循证人力资源管理就是审慎地将最佳证据运用于人力资源管理实践的过程。循证人力资源管理的目的，就是要确保人力资源管理部门的管理实践，对组织的收益或者其他利益相关者（员工、客户、社区、股东）产生积极的影响，并且证明这种影响的存在。循证人力资源管理通过收集关于人力资源管理实践与生产率、流动率、事故数量、员工态度以及医疗成本之间的关系的数据，向组织表明，人力资源管理确实能对组织目标的实现做出贡献。它对组织的重要性，实际上和财务、研发以及市场营销等是一样的，组织对人力资源项目进行投资是合理的。例如，循证人力资源管理可以回答这样一些问题："哪一种招募渠道能够给公司带来更多有效的求职者？""在新实施的培训计划下，员工的生产率能够提高多少？"员工队伍的多元化，给组织带来的机会多还是风险多？"从本质上说，循证人力资源管理代表的是一种管理哲学，即用可获得的最佳证据，代替陈旧的知识、个人经验、夸大的广告宣传、呆板的教条信念以及盲目的模仿，摒弃"拍脑袋决策"的直觉式思维，使人力资源决策牢固建立在实实在在的证据之上，同时证明人力资源管理决策的有效性。

在对很多组织的人力资源管理实践进行考察后不难发现，很多人力资源管理决策都缺乏科学依据，往往是依靠直觉和经验行事的。这不仅难以保证人力资源决策本身的科学合理，也无法证明或者验证人力资源管理活动对于组织的战略和经营目标的实现做出的实际贡献，导致人力资源管理在很多组织中处于一种比较尴尬的境地。因此，学会基于事实和证据来实施各项人力资源管理活动，可以产生两个方面的积极作用：一是确保并且向组织中的其他人证明，人力资源管理确实在努力为组织的研发、生产、技术开发、营销等方面提供有力的支持，而且对组织战略目标的实现，做出了实实在在的贡献；二是考察人力资源管理活动在实现某些具体目标和有效利用预算方面取得的成效，从而不断改善人力资源管理活动的效率和效果。

（二）循证人力资源管理的路径

人力资源管理者在日常工作中，如何实现循证人力资源管理呢？总的来说，如果人力资源管理者在日常管理实践中，注意做好以下四个方面的工作，将有助于贯彻循证人力资源管理的理念，提高人力资源管理决策的质量，增加人力资源管理对组织的贡献。

1. 获取和使用各种最佳研究证据

最佳研究证据，是指经过同行评议或同行审查的，质量最好的实证研究结果，这些结果通常是公开发表的，并且经过科学研究的证据。在科学研究类杂志（符合国际学术规范的标准学术期刊）上发表的文章，都是按照严格的实证标准要求，并经过严格的评审的，这类研究成果必须达到严格的信度和效度检验要求。举例来说，在一项高质量的实证研究中，想要研究绩效标准的高低对员工绩效的影响，通常会使用一个控制组（或对照组）。即在随机分组的情况下，要求两个组完成同样的工作任务（对实验组的绩效标准要求较高），然后考虑两组的实际绩效水平差异。而在另外一些情况中，则需要采取时间序列型的研究设计。例如，在考察晋升决策对员工工作状态的影响时，可以在晋升之前对晋升候选人的工作积极性或绩效进行评估；在晋升决策公布之后，再次考察这些候选人的工作积极性或工作绩效。当然，如果无法在理想状态下进行实证研究，但能够控制住一些误差（尽管不能控制所有误差）的实证研究也具有一定的价值。这种证据对于改进人力资源决策质量，多多少少会有一定的帮助，不过最好能确认哪些证据是可用的，以及应当如何使用这些证据。

2. 了解组织实际情况，掌握各种事实、数据以及评价结果

要系统地收集组织的实际状况、数据、指标等信息，确保人力资源管

理决策或采取的行动建立在事实基础之上。即使是在使用上文提到的最佳实证研究证据时，也必须考虑到组织的实际情况，从而判断哪些类型的研究结果是有用的。总之，要将各种人力资源判断和决策，建立在尽可能全面和准确把握事实的基础之上。例如，当组织希望通过离职面谈，发现导致近期员工流动的主要原因，而很多离职者都提到了组织文化和领导方式的问题时，人力资源管理人员就应当继续挖掘，搞清楚到底是组织文化和领导方式中的哪些特征造成了员工流失。只有揭示了某种情况的具体事实，才能轻松找到适当的证据，确认导致问题出现的主要原因，同时制定并落实解决该问题的措施。关于组织实际情况的事实，既可能会涉及相对软性的因素，如组织文化、员工的教育水平、知识技能以及管理风格等，也可能会涉及比较硬性的因素，如部门骨干员工流动率、工作负荷以及生产率等。

3. 利用人力资源专业人员的科学思考和判断

人力资源专业人员可以借助各种有助于减少偏差、提高决策质量、实现长期学习的程序、实践以及框架，做出科学的分析和判断。有效证据的正确使用，不仅有赖于与组织的实际情况相关的高质量科学研究结果，还有赖于人力资源决策过程。这是因为证据本身并非问题的答案，需要放在某个具体的情况中考虑，既要考虑做出明智的判断和高质量的人力资源决策，还需要对得到的相关证据和事实进行深入的思考，不能拿来就用。但问题在于，由于所有人都会存在认知局限，在决策中不可避免地会存在各种偏差。这就需要采取一些方法和手段，帮助我们做出相对科学和客观的决策。幸运的是，在这方面，一些经过论证以及实际使用效果很好的决策框架或决策路径，能够提醒决策者注意到一些很可能会被忽视的、特定的决策影响因素。例如，一个组织正在设法改进新入职员工的工作绩效。多项实证研究结果表明，在其他条件一定的情况下，在通用智力测试中得分较高的人的工作绩效也较好。那么，让所有的求职者参加通用智力测试，能否确定员工入职后的绩效呢？显然不一定。如果这些求职者是最好的学校中成绩最好的毕业生，那么，这种测试实际上已经暗含在组织的甄选标准中。在这种情况下，人力资源管理人员就要判断：影响新入职员工绩效的还有哪些因素？如他们是否具备特定职位所要求的特定技能；或者是否存在需要解决的、某种存在于工作环境之中的特定绩效问题，如上级的监督指导不到位、同事不配合等。总之，在批判性思考的基础上，仔细对情境因素进行分析，找到一个能够对各种假设进行考察的决策框架，了解事实和目标等，将有助于得出更为准确的判断和解释。

4. 考虑人力资源决策对利益相关者的影响

人力资源管理者在进行人力资源决策时，必须考虑到伦理道德层面的因素，权衡其决策对利益相关者和整个社会可能产生的长期和短期影响。人力资源决策和人力资源管理实践，对于一个组织的利益相关者来说，会造成直接和间接的后果。这些后果不仅会对普通员工产生影响，而且会对组织的高层和中层管理人员产生影响，同时还有可能会对诸如供应商、股东或者普通公众等组织外部的利益相关者产生影响。如人力资源管理者制订的组织的人力资源招募和甄选政策，会对不同的求职者产生不同的影响，这些影响有正面的，也有负面的。具体而言，如果某种测试工具，可导致某类求职者的总体得分低于其他求职群体，但是这种测试工具却与求职者的工作绩效没有太大关系，则应当舍弃这种测试工具。再比如，一个组织经过研究可能会发现，女性员工的晋升比率远远低于男性，因为女性员工的工作绩效评价结果通常低于从事同类工作的男性，但导致这一结果的原因是组织的绩效评价体系有问题。那么，组织就应当考虑对绩效评价体系进行改进，确保晋升决策基于客观的事实。总之，对各种利益相关者都给予关注，是考虑周全且基于证据的人力资源决策的重要特征之一，它有助于避免人力资源决策在无意中对利益相关者造成不必要的损害。

（三）人力资源管理职能的有效性评估

循证人力资源管理，一方面要求组织的人力资源管理决策和人力资源管理实践应当建立在事实和数据的基础之上，另一方面还要求组织对人力资源管理职能的有效性要进行评估。评估组织的人力资源管理职能有效性有两种方法，即人力资源管理审计和人力资源管理项目效果分析。

一. 人力资源管理审计

在人力资源管理领域，以数字为基础的分析，常常始于对本组织内人力资源管理活动进行人力资源管理审计。人力资源管理审计是指按照特定的标准，采用综合研究分析方法，对组织的人力资源管理系统进行全面检查、分析与评估，为改进人力资源管理功能提供解决问题的方向与思路，为组织战略目标的实现提供科学支撑。

作为一种诊断工具，人力资源管理审计能够揭示组织人力资源系统的优势与劣势以及需要解决的问题，帮助组织发现缺失或需要改进的功能，支持组织根据诊断结果采取行动，最终确保人力资源管理职能最大限度地为组织使命和战略目标做出贡献。

人力资源管理审计通常可以划分为战略性审计、职能性审计和法律审计三大类。其中，战略性审计，主要考察人力资源管理职能能否成为企业竞争优势的来源，以及对组织总体战略目标实现的贡献程度；职能性审计，旨在帮助组织分析各种人力资源管理职能模块或政策的执行效率和效果；而法律审计则比较特殊，它的主要作用在于考察组织的人力资源管理活动是否遵循了相关法律法规。

人力资源管理中的法律审计在西方发达国家受到高度重视，这是因为如果一个组织的人力资源管理活动出现了违反法律规定的情况，就可能会使组织面临巨额的经济惩罚。而在我国，除了一些出口企业，由于受到国际规则的限制，而不得不对人力资源管理活动的合法性和合规性进行审计和报告外，绝大部分的企业没有开始对自己的人力资源管理系统实施法律审计，部分企业的法律意识还比较淡漠。随着我国相关劳动法律体系的健全以及执法力度的加强，企业会因为人力资源管理活动或政策不合法，遭受越来越大的损失。在这种情况下，企业必须重视加强本企业人力资源管理政策和实践的法律审计，以确保其人力资源活动的合法性。

　　以人力资源招募和甄选过程中的法律审计为例，企业首先需要对组织的招聘政策、招聘广告、职位说明书、面试技术等关键环节的内容，进行详细、客观的描述，然后再根据这些内容来寻找相关的法律条款（如我国颁布的《中华人民共和国劳动法》及其配套法律法规等），进而将自己的管理实践与法律规定进行对比审计分析，在必要时根据法律要求和自身情况对其进行调整和改进。这样的审计过程能够使企业在很大程度上避免因违反相关法律法规而造成直接和间接的损失，这是人力资源管理职能能够为组织做出的一种非常直接的贡献。

　　人力资源管理审计的考察内容，通常是人力资源管理对于组织的整体贡献，以及各人力资源管理职能领域的工作结果，即以战略性审计和职能性审计居多。战略性审计主要考察人力资源管理对组织的利润、销售额、成本、员工的离职率和缺勤率等整体性结果产生的影响，而职能性审计则是通过收集一些关键指标来衡量组织在人员的招募、甄选与配置、培训开发、绩效管理、薪酬管理、员工关系管理、接班计划等领域的有效性。关于人力资源管理审计中的战略性审计和职能性审计所使用的指标问题，因为不同组织审计的出发点不同，以及各个组织的行业特点存在差异，所以审计指标的选取以及指标的详细程度会因此有所差异。

　　而其他的人力资源管理审计指标，则会针对人力资源管理的各个职能模块以及人力资源管理的总体有效性，分别进行指标选取。

　　在确定了人力资源管理审计使用的衡量指标之后，相关人员就可以通过收集信息来进行审计了。其中，关键经营指标方面的信息，可以在组织的各种文件中查到，但有时人力资源部门为了收集某些特定类型的数据，需要创建一些新的文件。如对人力资源管理职能所要服务的相关客户（主要是组织的高层管理人员、各级业务部门负责人以及普通员工等）的满意度进行调查和评估，需要创建调查文件，收集相关信息。其中，员工态度调查或满意度调查能够提供一部分内部客户的满意度信息，而对组织高层直线管理人员的调查，则可以为判断人力资源管理实践对组织的成功经营所起到的作用提供信息。此外，为了从人力资源管理专业领域的最佳实践中获益，组织还可以邀请外部的审计团队对某些具体的人力资源管理职能进行审计。

现在，随着电子化员工数据库以及相关人力资源管理信息系统的建立，人力资源管理审计所需要的关键指标的收集、存储、整理以及分析工作越来越容易，很多满意度调查工作也可以通过网络来完成。这些情况有助于推动企业通过实施人力资源管理审计，提高人力资源管理政策和实践的效率及有效性。

2. 人力资源管理项目效果分析

衡量人力资源管理有效性的另一种方法，是对某项具体的人力资源管理项目或活动进行分析。对人力资源管理项目进行评价的方式有两种：一种是以项目或活动的预期目标为依据，考察某一特定的人力资源管理方案或实践（比如某个培训项目或某项新的薪酬制度）是否达到了预定的效果；另一种是从经济的角度来估计某项人力资源管理实践可能产生的成本和收益，从而判断其是否为组织提供了价值。

企业在制订一项培训计划的时候，通常会同时确定期望通过这个计划达成的目标，如通过培训在学习层、行为层以及结果层（绩效改善）等方面产生效果。于是，人力资源管理项目分析就会衡量该培训计划是否实现了之前设定的目标，即培训项目对于受训者的学习、行为以及工作结果到底产生了怎样的影响。

例如，一家公司在设计一个培训项目时，将目标定位于帮助管理人员将领导力水平提升到某个既定的层次。那么，在培训结束之后，就会评价这项培训计划是否实现了之前确定的目标，即对培训计划的质量进行分析。于是，该公司在培训计划刚刚结束时，要求受训者对自己的培训经历进行评价；几个月后，培训部门会对受训者在培训结束后的实际领导绩效进行评估；此外，员工对于公司整体领导力所做的评价，也可以用来衡量这些管理人员培训计划的效果。

另一方面，对上述培训项目的培训效果还可以采用经济分析的方法进行评估，即在考虑与培训项目有关的成本的前提下，对该培训项目所产生的货币价值进行评估。这时，企业并不关心培训项目到底带来了多大变化，只关心它为组织贡献的货币价值（收益和成本之间的差异）的大小。这些人力资源管理项目的成本，包括员工的薪酬以及实施培训、员工开发或者满意度调查等人力资源管理计划所支付的成本；收益则包括与员工的缺勤率和离职率相关的成本下降以及与培训计划有关的生产率的上升等，显然，成功的人力资源管理项目所产生的价值应当高于其成本，否则这个项目从经济上来说就是不合算的。

在进行人力资源管理实践成本收益分析时，可以采取两种方法，即人力资源会计法和效用分析法。人力资源会计法，试图为人力资源确定货币价值，就像为物力资源（比如工厂和设备）或经济资源（比如现金）定价一样，它要确定薪酬回报率、预期薪酬支付的净现值以及人力资本投资收益率等。而效用分析法，则试图预测员工的行为（比如缺勤、流动、绩效等）所产生的经济影响，如员工流动成本、缺勤和病假成本、通过甄选方案获得的收益、积极的员工态度所产生的收益、培训项目的财务收益等。与审计法相比，人力资源管理项目分析法的要求更高，因为它要求必须得到较为详细的统计数据，所需费用也较多。

二、优化人力资源管理职能的方式

为了提高人力资源管理职能的有效性，组织可以采取结构重组、流程再造、人力资源管理外包以及人力资源管理电子化等几种不同的方式。

（一）人力资源管理结构重组

传统的人力资源管理结构，主要围绕员工配置、培训、薪酬、绩效以及员工关系等人力资源管理的基本职能而设定，是一种典型的按职能进行分工的形式。这种结构的优点是分工明确、职能清晰，但是缺点在于，这种结构形式下，人力资源部门只能了解组织内部全体员工某一个方面的情况，如员工所受过的培训或员工的薪酬水平、绩效状况等，但是对某一位员工，尤其是核心员工的各种人力资源状况，缺乏整体性的了解，导致人力资源部门在吸引、留住、激励以及开发人才方面，为组织做出的贡献大打折扣；同时，由于各个人力资源管理的职能模块各行其是，人力资源管理职能之间的匹配性和一致性较差，无法满足战略性人力资源管理的内部契合性要求，从而使人力资源管理工作的整体有效性受到损害。因此，越来越多的组织认识到，传统的人力资源部门结构划分需要重新调整。

近年来，很多大公司都开始实施一种创新型人力资源管理职能结构，这种结构的人力资源管理的基本职能被有效地划分为三个部分：专家中心、现场人力资源管理人员以及服务中心。专家中心通常由招募、甄选、培训及薪酬管理等传统人力资源领域中的职能专家组成，他们主要以顾问的身份来开发适用于组织的各种高水平人力资源管理体系和流程。现场人力资源管理人员由人力资源管理多面手组成，他们被分派到组织的各个业务部门，具有双重工作汇报关系。他们既要向业务部门的直线领导者报告工作，又要向人力资源部门的领导报告工作。这些现场人力资源管理人员，主要承担两个方面的责任：一是帮助自己所服务的业务部门的直线管理者，从战略的高度来强化人的问题，解决作为服务对象的特定业务部门中出现的各类人力资源管理问题，相当于一个被外派到业务部门的准人力资源经理；二是确保人力资源管理决策能够在整个组织中得到全面、有效的执行，从而强化帮助组织贯彻执行战略的功能。最后，服务中心工作的人的主要任务是，确保日常的事务性工作能够在整个组织中有效完成。在信息技术不断发展的情况下，服务中心能够非常有效地为员工提供服务。

这种组织结构安排，通过专业化的设置，改善了人力资源服务的提供过程，真正体现了以内部客户为导向的人力资源管理思路。专家中心的员工，可以不受事务性工作的干扰，专注于开发自己现有的职能性技能。现场人力资源管理人员，可以集中精力了解本业务部门的工作环境，不需要竭力维护自己在专业化职能领域中的专家形象。而服务中心的员工，则可以把主要精力放在为各业务部门提供基本的人力资源管理服务上。

此外，从激励和人员配备的角度来看，这种新型的人力资源部门结构设计方式也有其优点。过去，由于人力资源管理职能是按模块划分的，每一位人力资源管理专业人员都陷入到了本职能模块必须完成的事务性工作中。尽管在一些人力资源管理专业人员的工作中，有一小部分需要较高水平的专业知识和技能才能完成，但是大部分工作都属于日常事务性工作，导致一些人力资源管理工作者感觉工作内容枯燥，缺乏挑战性。新型的人力资源部门结构，根据工作内容的复杂性和难度，设计了三层次人力资源部门结构，可以让相当一部分人力资源管理专业人员摆脱日常事务性工作的束缚，集中精力做专业性的工作；同时，还可以让一部分高水平的人力资源管理工作者，完全摆脱事务性的工作，发挥他们在知识、经验和技能上的优势，重点研究组织在人力资源管理领域中存在的重大问题，从而为人力资源管理职能的战略转型和变革打下良好的基础。这无疑有助于组织的人力资源管理达到战略的高度，同时也有利于增强对高层次人力资源管理专业人员的工作激励。

这种新型的人力资源部门结构设置，已经在很多大型企业中得到有效实施。例如，在西门子公司，人力资源管理职能划分为三类。一是人力资源战略职能。它主要负责与大学的联络、人力资源管理工具的开发等，包括招聘、薪酬福利、领导艺术等方面的培训课程，以及人力资源政策的开发、法律事务等。二是人力资源咨询职能，即由人事顾问面向各业务部门的经理以及员工，做关于招聘、雇佣以及员工发展方面的咨询。三是事务性管理职能，主要负责日常工资发放、医疗保险缴纳、养老金上缴、档案管理、签证办理等方面的事务。这种组织结构设计的特点是，将第二种职能当作人力资源管理部门面向公司员工与经理人员的窗口，由一个工作人员负责多个部门；而第一种职能和第三种职能则是人事顾问的两大支柱。

（二）人力资源管理流程再造

流程是指一组能够一起为客户创造价值的相互关联的活动进程，是一个跨部门的业务行程。流程再造，也称"业务流程再造"，是指对企业的业务流程，尤其是关键或核心业务流程，进行根本的再思考和彻底的再设计。其目的是使这些工作流程的效率更高，生产出更好的产品或提高服务质量，同时更好地满足客户需求。虽然流程再造常常需要运用信息技术，但信息技术并不是流程再造的必要条件。从表面上看，流程再造只是对工作流程的改进，但实际上是对员工的工作方式和工作技能等方面都提出全新的挑战。因此，组织的业务流程再造过程，需要得到员工的配合，并需要员工做出相应的调整，否则很可能会以失败告终。

流程再造的理论与实践，起源于20世纪80年代后期，当时的经营环境以客户、竞争以及快速变化等为特征，而流程再造正是企业为最大限度地适应这一时期的外部环境变化，而实施的管理变革。它是在全面质量管理、精益生产、工作流管理、工作团队管理、标杆管理等一系列管理理论和实践的基础上产生的，是发达国家在此前已经运行了100多年的专业分工细化及组织分层制的一次全面反思和大幅改进。

企业流程再造的一个经典案例，是美国的福特汽车公司。20世纪80年代初，福特北美公司财务部的员工人数超过500人。当福特公司在获得了马自达汽车公司25%的股权后，发现马自达汽车公司的全部财会工作仅靠5名员工完成。按公司规模来比较，福特汽车公司财务部的员工人数，是马自达公司的5倍。尽管福特公司借助办公自动化，使财会部员工减少到400人，但仍然无法与马自达公司的人员精简程度相提并论。因此，福特公司开始着手进行流程再造。在采购付款流程方面，福特公司一直沿用传统的流程，即先由采购部发送订单给供应商，同时将订单副本交给财务部；等到供应商将货物运抵福特汽车公司后，公司货物验收单位会详细登记收货情况，并将验收单转交给财务部；同时供应商也会将发票送交财务部；在财务部将三种与货物有关的文件，即订单副本、验收单以及发票收齐并核对无误之后，即可如数付款。实施流程再造之后，采购部在将订单发给供应商的同时，将资料输入联网的数据库；当供应商将货物送到验收部门时，验收员通过电脑查询货物资料，若货物与数据库中的资料吻合，则签收货物，并将有关资料输入数据库，数据库在接到货物验收信息后，便会提醒财务人员据此签发支票；若货物不符合订单要求，验收员会拒绝收货，将其退还给供应商。在新的流程中，财务人员不用再拿着发票核对订单和验收单。福特汽车公司实施流程再造后，只需125名财务人员就可以处理整个采购付款流程。

流程再造不仅可以对人力资源管理中的某些具体流程，如招募甄选、薪酬调整、员工离职手续办理等进行审查，也可以对某些特定的人力资源管理实践，如绩效管理系统进行审查。在大量的信息系统运用于组织的人力资源管理实践的情况下，很多流程都需要进行优化和重新设计。在进行流程再造时，可以先由人力资源部门的员工对现有的流程进行记录、梳理和研究，然后由公司的高层管理人员、业务部门管理人员以及人力资源专业人员共同探讨，确定哪些流程有改进的必要。流程再造经常会用到人力资源管理方面的信息技术。大的人力资源管理软件以及共享数据库，为人力资源管理的流程再造提供了前所未有的便利。流程再造以及新技术的应用，能够带来如简化书面记录工作、删减多余工作步骤、使手工流程自动化以及共享人力资源数据等多方面的好处，不仅可以使企业节约在人力资源管理方面花费的时间，还能降低成本，从而提高人力资源工作的效率以及有效性。

IBM公司的经历，说明一个组织的人力资源专业部门，能够通过流程再造调整自己的职能履行水平，从而不断提升人力资源管理活动的效率，强化其对组织的贡献。1993年，IBM公司的人力资源管理职能是以区域为中心设置的，范围很大、很分散，在世界各地共雇佣了3500多名员工。IBM公司在改革之初，先将人力资源部门减至2000人，后来为适应公司压低成本的要求，再次进行大规模整合，到2000年，只剩下位于北卡罗来纳州拉雷市的一个人数不到 100 人的集中部门。该中心通过电话、电子邮件、传真、自动应答软件，每年能够向 70 多万名 IBM 员工及其家庭成员提供帮助，处理 700 万件以上的事务。据报道，在这套系统开始运行 6 年左右的时间里，IBM 公司共节约了 1.8 亿美元的成本。与此同时，IBM 公司员工对于人力资源服务的满意度提高到了 90% 以上。

（三）人力资源管理外包

除了通过内部的努力来实现人力资源管理职能的优化，很多企业近年来还探讨了如何通过外包的方式，改善人力资源管理的系统、流程以及服务的有效性。外包通常是指一个组织与外部的专业业务承包商签订合同，让它们为组织提供某种产品或者服务，而不是用自己的员工在本企业内部生产这种产品或提供服务。

很多组织选择将部分人力资源管理活动或服务外包，主要原因有以下四点。

第一，与组织成员自己完成可外包的工作内容相比，外部的专业化生产或服务提供商，能够以更低的成本提供某种产品或服务，从而使组织可以通过外购服务或产品降低生产或管理成本。

第二，外部的专业业务承包商有能力比组织自己更有效地完成某项工作。之所以出现这种情况，是因为这些外部服务提供者，通常是某一方面的专家。由于专业分工的优势，它们能够建立和培育起一系列可以适用于多家企业的综合性专业知识、经验和技能，因此这些外部生产或服务承包商所提供的产品或服务的质量往往较高。但事实上，很多组织一开始都是出于效率方面的考虑，才寻求业务外包的。

第三，人力资源管理服务外包，有助于组织内部的人力资源管理工作者集中精力，做好对组织具有战略意义的人力资源管理工作，摆脱日常人力资源管理行政事务的困扰，从而使人力资源管理职能对于组织的战略实现，做出更大、更显著的贡献，真正进入战略性人力资源管理的层次。

第四，有些组织将部分人力资源管理活动外包，是因为组织本身规模较小，没有能力自行完成相关的人力资源管理活动，只能借助外部的专业化人力资源管理服务机构，提供某些特定的人力资源管理服务，如建立培训体系、设计培训课程等。

那么，哪些人力资源活动会被外包出去呢？最初，企业主要是将人力资源管理中的一些事务性工作外包出去，如招募和甄选的前期工作、一些常规性的培训项目、养老金和福利的管理等。现在，许多传统性人力资源管理活动，以及一些变革性人力资源管理活动，也开始被企业外包出去。有些企业甚至将人力资源管理中50%～60%的成本和职责都外包出去，只把招募高层管理人员和大学毕业生的工作，以及人力资源的战略管理工作，留在组织内部完成。人力资源管理活动的外包，可以帮助组织节约时间和成本，为组织提供最优的人力资源管理实践，改善组织为员工提供的各种人力资源管理服务的质量，使组织能够将精力集中在自己的核心经营活动上。但需要注意的是，走这种道路的很多公司，在将来也许会面临许多潜在的问题。这些问题主要表现在以下几个方面。

首先，成本节约在短期内可能不会实现。这是因为这些将人力资源业务外包出去的公司，不仅要设法处理好与外部伙伴之间的合作关系，同时还要重新思考战略性人力资源管理在公司内部扮演的角色。虽然将人力资源管理中的一些行政职能外包，可以使人力资源专业人员将更多的精力集中于战略性人力资源管理活动上，但是企业中现有的人力资源专业人员可能并不具备做出战略贡献的能力。因此，企业还必须在提升现有人力资源专业人员的水平方面进行投资。其次，将人力资源管理业务外包的企业，可能会对某个单一外部服务提供者产生依赖，促使外部供应商提高服务成本。此外，组织和外部服务提供者可能会在由谁占据主导地位的问题上产生冲突。最后，人力资源管理外包，可能会向员工发出错误的信号，即员工可能会认为公司将大部分人力资源职能外包出去，代表着公司并不重视人的问题。

人力资源管理外包服务的上述潜在问题，提醒企业在实施人力资源管理服务外包的时候，必须充分考虑外包的成本和收益以及可能出现的各种问题。目前，我国出现了一批专业化的人力资源管理外包服务提供商，可以提供从人员招募甄选、员工培训、薪酬福利管理到外派员工管理、劳务派遣、劳动合同管理等各种人力资源管理外包服务。但是不同的企业，服务水平也参差不齐，企业在选择人力资源管理服务提供商的时候，要综合考虑其资质、服务能力、业务专业、未来服务的可持续性，并要就相关的人力资源数据保密等问题签订相关的协议，以确保数据的安全以及保护员工隐私。

尽管人力资源管理服务外包存在上述潜在问题，但人力资源外包的趋势并没有发生变化。这种情况，提醒组织内部的人力资源管理者，必须不断提升战略性人力资源管理方面的技能，否则，将来很可能会因为自己所从事的工作被外包出去而失去工作岗位。

（四）电子化人力资源管理

在提升人力资源管理的效率和有效性方面，计算机、互联网以及相关的一系列新工具和新技术，发挥着非常重要的作用。不仅如此，信息技术的发展，还为人力资源管理职能朝战略和服务方向转型，提供了极大的便利。人力资源管理应用信息技术实际上经历了三个阶段，一是人力资源信息系统阶段，二是人力资源管理系统阶段，三是电子化人力资源管理阶段。

1.人力资源信息系统阶段

人力资源信息系统，是在组织从事人力资源管理活动的过程中，对员工及其从事的工作等方面的信息，进行收集、保存、分析和报告的系统。人力资源信息系统，早期主要是对员工个人的基本情况、教育状况、技能、经验、所在岗位、薪酬等级以及家庭住址、紧急联络人等基本信息加以整理和记录，后来在这些基本的人事管理信息模块的基础上，逐渐扩展到出勤记录、薪酬计算、福利管理等基本人力资源管理功能方面。可以说，人力资源信息系统是一个人力资源管理辅助系统，也是一个基础性的人力资源管理决策支持系统，它可以随时为组织提供人力资源决策所需要的各项基础数据以及基本的统计分析功能。随着计算机的普及，基本上所有的企业都采用了人力资源信息系统。

对于大企业来说，由于员工人数众多，数据量较大，需要的计算和统计以及查询的人力资源信息非常多，通过计算机存储人力资源信息显然更是必然的。在人力资源信息系统中，有一个关联性数据库，即将相关的人力资源信息存储在不同的文件之中，但是这些文件可以通过某些共性要素或字段（比如姓名、员工号、身份证号码等）连接在一起。例如，员工的个人信息与薪酬福利信息及培训开发信息保存在不同的文件中，可以通过员工姓名将不同文件中的信息联系在一起，在进行人力资源管理活动时，就可以随时取用和合并相互独立的员工信息资料。

2. 人力资源管理系统阶段

人力资源管理系统，是在人力资源信息系统基础上进一步发展而来的，这种系统在传统的人事信息管理模块、员工考勤模块以及薪酬福利管理模块等一般性人力资源管理事务处理系统的基础上不断扩展，涵盖了职位管理系统、员工招募甄选系统、培训管理系统、绩效管理系统、员工职业生涯规划系统等几乎所有人力资源管理的职能模块。此外，人力资源管理系统是以互联网为依托，它属于互联网时代的人力资源管理信息系统。从科学的人力资源管理角度出发，它从企业的人力资源规划开始，包括个人基本信息、招募甄选、职位管理、培训开发、绩效管理、薪酬福利管理、休假管理、入职离职管理等基本的人力资源管理内容，能够使组织的人力资源管理人员从烦琐的日常工作中解脱出来，将精力放在更加富有挑战性和创造性的人力资源管理活动上，如分析、规划、员工激励以及战略执行等工作。

总体来说，人力资源管理系统，除了具有人力资源信息系统的日常事务处理功能之外，还增加了决策指导系统和专家系统。首先，日常事务处理系统是指在审查和记录人力资源管理决策与实践时需要用到的一些计算和运算，包括对员工工作地点的调整、培训经费的使用、课程注册等方面的记录以及填写各种标准化的报告。其次，决策支持系统主要用来帮助管理人员针对相对复杂的人力资源管理问题提供解决方案。这个系统常常包括"如果……那么……"这一类的字句，使该系统的使用者可以看到，当假设某项数据发生改变时，结果会出现怎样的变化。例如，当企业需要根据人员流动率或劳动力市场上某种类型的劳动力的供给量，决定需要雇用多少位新员工时，决策支持系统就能够给企业提供很大的帮助。最后，专家系统是通过整合某一领域中具有较丰富专业知识和经验的人所遵循的决策规则，形成的计算机系统。这一系统能够根据使用者提供的信息，向他们提出比较具体的行动建议。该系统所提供的行动建议，往往都是现实中的人力资源专家，在类似的情形下，可能会采取的行动。例如，在与一位员工进行绩效面谈时，如果员工情绪激动或者不认可领导做出的绩效评价结果，那么专家系统就会为主持面谈的管理者提供适当的解决方案。

3. 电子化人力资源管理阶段

电子化人力资源管理，是指基于先进的软件、网络新技术以及高速且容量大的硬件，借助集中式的信息库、自动处理信息、员工自助服务以及服务共享等方式，实施人力资源管理的一种新型人力资源管理实践。它能够起到降低成本、提高效率以及改进员工服务模式的作用。总体来说，电子化人力资源管理，实际上是一种电子商务时代的人力资源管理综合解决方案。它包含"电子商务""互联网""人力资源管理业务流程再造""以客户为导向""全面人力资源管理"等核心理念，综合利用互动式语音技术、国际互联网、客户服务器系统、关联型数据库、成像技术、专业软件开发、可读光盘存储器技术、激光视盘技术、呼叫中心、多媒体、各种终端设备等信息手段和信息技术，极大地方便了人力资源管理工作的开展。同时它为各级管理者和广大员工参与人力资源管理工作以及享受人力资源服务，提供了很大的便利。人力资源信息系统、人力资源管理系统，只是电子化人力资源管理得以实现和运行的软件平台和信息平台。这些平台在集成之后，以门户的形式表现出来，再与外部人力资源服务提供商共同构成电子商务网络，如电子化学习系统、电子化招募系统、在线甄选系统、在线人力资源开发系统、在线薪酬管理系统等。

从电子商务的角度来讲，电子化人力资源管理包括通过网络平台和电子化手段处理的三大类关系：企业与员工之间的关系、企业与企业之间的关系以及企业与政府之间的关系。首先是从企业到客户的人力资源管理。在人力资源管理领域，"客户"是指包括各级管理者和普通员工在内的"雇员"，从而将人力资源管理演变成了从企业到雇员的管理，这与在企业人力资源管理和开发活动中，将员工视为活动指向的客户的观点是一致的。电子化管理，可以通过网上的互动完成相关人力资源事务的处理或交易，使员工可以像客户一样从网络上获得人力资源部门提供的产品和服务。其次是从企业到企业的人力资源管理。其中一个企业是指组织，另外一个是指外部人力资源管理服务提供商，即组织可以通过电子化人力资源管理平台，以在线的方式从专业化的外部人力资源管理服务提供商，如咨询公司、各类招聘网站、电子化学习服务提供商处，购买各类人力资源管理服务。最后是从企业到政府的人力资源管理。电子化人力资源管理可以帮助企业处理与政府、劳动力市场以及劳资关系和社会保障等事务的主管部门发生的业务往来，将原来通过书面或人工方式实现的往来业务转移到网上自动处理，如各项劳动保险的办理、劳动合同和集体合同的审查等。

总的来说，电子化人力资源管理可以给组织带来以下四个方面的好处。

一是提高人力资源管理的效率以及节约管理成本。相比传统手工操作的人力资源管理，电子化人力资源管理的效率显然要高得多。电子化人力资源管理，是一种基于互联网和内联网的人力资源管理系统，公司的各种政策、制度、通知等都可以通过网络渠道发布；很多日常人力资源管理事务，如薪酬的计算发放、所得税的扣缴以及各种人力资源报表的制作等，都可以通过系统自动完成；并且员工和各级管理人员，也可以通过系统自主查询自己需要的各种人力资源信息，或者自行注册自己希望得到的各种人力资源服务（比如希望参与的培训项目或希望享受的福利计划等）。与此同时，人力资源管理活动或服务，所占用的组织人员数量和工作时间大幅减少，管理成本也大幅降低。尤其是那些员工分散在全球各地的全球性或国际化企业，可以大幅节约人力成本和管理成本。

二是提高人力资源管理活动的标准化和规范化水平。电子化人力资源管理通常是对数据进行集中式管理，将统一的数据库放在客户服务器上，然后通过全面的网络工作模式实现信息全面共享。这样一来，得到授权的客户，就可以随时随地地接触和调用数据库中的信息。此外，在电子化人力资源管理中，很多人力资源管理实践是建立在标准的业务流程基础之上的。它要求使用者的个人习惯服从于组织的统一管理规范，这对实现人力资源管理行为的一致性非常有帮助。这种信息存储和使用模式，不仅可以使人力资源管理活动和服务可以跨时间、跨地域，也能够确保整个组织的人力资源管理信息和管理过程的规范性、一致性，同时还提升了人力资源管理工作的透明度和客观性，有助于避免组织因为个人的因素陷入法律诉讼，确保公平公正，提升员工的组织信任度和工作满意度。

三是彻底改变人力资源部门和人力资源专业人员的工作重心。在传统的人力资源管理方式下，人力资源部门和人力资源专业人员大量从事行政事务性工作，其次是职能管理类工作，而在战略性工作方面花费的时间很少。在电子化人力资源管理的环境下，人力资源工作者将工作重心放在为企业提供人力资源管理咨询服务上，而行政事务性工作被电子化、自动化的管理流程取代，甚至过去大量的数据维护工作，也可以在授权后由直线经理与员工分散完成。电子化人力资源管理推动了人力资源职能的变革进程，使人力资源部门和人力资源管理工作者能够真正从烦琐的日常行政事务中解脱出来，使他们从简单的人力资源信息和日常性人力资源服务的提供者，转变为人力资源管理的知识和解决方案的提供者，能够随时随地为领导层和管理层提供决策支持，促使他们对组织最为稀缺的战略性资源，即各类人才给予更为全面的关注。电子化人力资源管理，能够为人力资源管理专家提供有力的分析工具和可行的建议，帮助人力资源部门建立积累知识和管理经验的体系，还有助于提升人力资源部门和人力资源专业人员的专业能力和战略层次，增强他们为组织做贡献的能力，从而使其他组织成员对他们给予重视，促使他们名副其实地进入战略伙伴的角色。

四是强化领导者和各级管理者的人力资源管理责任，促使全员参与人力资源管理活动。首先，虽然电子化人力资源管理使人力资源管理过程更加标准化、简便化，但是除了建立人力资源管理体系外，人力资源管理活动，监控管理过程的汇总、分析管理结果等工作，仍然需要人力资源部门统一完成，具体的人力资源管理活动会越来越多地委托给直线管理人员。直线经理可在授权范围内，在线查看所有下属员工的相关人事信息，更改员工的考勤信息，向人力资源部提交招聘或培训等方面的计划，对员工提出的转正、培训、请假、休假、离职等申请进行审批，并且能够以在线方式对员工的绩效计划、绩效执行以及绩效评价和改进等绩效管理过程加以管理。

其次，组织领导者可以通过电子化人力资源管理平台，查询人力资源信息和人力资源指标变化情况，还可以通过平台做出决策。具体来说，领导者不仅可以在某项人力资源管理活动流程到达自己这里的时候，通过电子化人力资源管理平台直接在网上（在离开办公室的情况下可以利用智能手机）进行相关人力资源事务的处理；也可以在不依赖人力资源部门的情况下，自助式地获知组织的人力资源状况，并进行实时监控；还可以获得如做出决策所需要的人力资源指标变动情况等各项信息。电子化人力资源平台，可以使领导者和管理者越来越直接地参与到人力资源管理的各项决策以及政策的实施过程之中。

最后，员工也可以利用电子化人力资源管理平台，通过在线的方式，查看组织制定的各项规章制度、组织结构、岗位职责、业务流程、内部招募公告、个人的各种人事信息、薪酬的历史与现状、福利申请及享受情况、考勤休假情况，注册或参加组织内部培训课程，以及提交请假或休假申请。此外，员工还可以在得到授权的情况下，自行修改个人信息数据，填报个人绩效计划和绩效总结，以及与人力资源部门进行沟通和交流等。

三是由于上述优势，电子化人力资源管理这种能够适应以网络化、信息化、知识化和全球化为特征的新环境的人力资源管理模式，才成为当今企业人力资源管理领域的一个重要发展趋势。近年来，我国很多企业正在逐步构建和完善电子化人力资源管理系统。此外，我国市场上也出现了不少电子化人力资源管理服务的供应商，用友、金蝶等大型软件供应商，也在原来的人力资源管理系统的基础上，纷纷开发出综合性的电子化人力资源管理信息平台。可以预见，电子化人力资源管理在我国企业中的普及速度会越来越快，也必将会有越来越多的企业从中受益。

第四章 人力资源生态系统特征研究

第一节 人力资源生态系统复杂适应性特征

一、复杂适应系统（CAS）理论

复杂适应系统（Complex Adaptive System，简称 CAS）理论是现代系统科学的一个新的研究方向，作为第三代系统观，突破了把系统元素看成"死"的、被动的对象的观念，引进具有适应能力的主体概念，从主体与环境的互动作用去认识和描述复杂系统行为，开辟了系统研究的新视野。

（一）复杂适应系统的主要内容

复杂适应系统理论认为，复杂适应系统的复杂性起源于其主体的适应性。复杂适应系统的基本思想是：由于主体与环境及与其他主体间的相互作用，不断改变着它们自身，同时也改变着环境；最重要的特征是适应性，即系统中的主体能够与环境及其他主体进行交流，在这种交流的过程中"学习"或"积累经验"，并且根据学到的经验改变自身的结构和行为方式。各个层次的主体通过相互间的交流，可以再提升一个层次，在整体层次上凸显出新的结构、现象和更复杂的行为，如新层次的产生、分化，多样性的出现，新聚合的形成，更大的主体出现等。

复杂适应系统理论的内容包括以下几个方面：（1）具有适应性的主体。这里所谓的具有适应性是说，主体能随着时间而不断进化，特点是一能"学习"，二会"成长"。（2）主体和环境的互动。主体与环境的互动体现在主体受到环境给予的刺激时能够做出反应，且主体可以接受反馈结果，据之修正自己的"反应规则"。（3）个体的演变过程——受限生成过程（Constrained Generating Proce-dure，简称CGP），反映在一定环境约束条件下主体发展和进化的一般规律。运筹学在一定约束条件下寻找最优解，只是一种静态条件下的算法，CGP展示的是活生生的、变化中的、充满新奇和意外的进化过程。（4）从个体的演化到系统的演化——ECHO模型，即根据个体演化过程，加上"资源"（Resource）和"位置"（Site）的概念，把个体演化和整个系统演化联系起来，形成了ECHO模型。该模型的主要特点是将宏观与微观统一地、有机地、内在地结合起来。

（二）复杂适应系统的特点

（1）主体具有主动性、适应性。系统中的主体可以自动调整自身的状态、参数以适应环境，或与其他主体进行协同、合作或竞争，争取最大的生存机会或利益。在这个演化过程中，主体的性能参数在变，主体的功能、属性在变，整个系统的功能、结构也产生了相应的变化。

（2）系统具有明显的层次性，各层间界限分明，层与层之间具有相对独立性。

（3）主体与环境（包括主体之间）的相互影响和相互作用，是系统演变和进化的主要动力。这种相互作用越强，系统的进化过程就越加复杂多变。

（4）主体具有并发性。系统中的主体是并行地对环境中的各种刺激做出反应，进行演化。

二、其他相关生态系统 CAS 特征研究

（一）商业生态系统复杂适应性

根据复杂适应系统和商业生态系统的特征，很明显商业生态系统是一个复杂适应系统。大量的商业组织或其他组织构成了商业生态系统的适应性主体；大量的参与者通过交互作用推动系统的不断演进。商业生态系统中不同层次、不同类型的主体占据着自身的生态位，较低层次的主体对于较高层次的主体来说有如"构筑块"（Building Blocks），各层次的主体能根据自身的需要通过竞争或合作自主地集聚或分裂，从而涌现出系统的多样性和复杂性。

（二）企业生态系统复杂适应性

1999 年 4 月，美国《科学》杂志出版了"复杂系统"专辑。两位编者Richard Callagher 和 Tim Appenzeller 在其以"超越还原论"为标题的导言中，对他们所指的"复杂系统"做了简单的描述：通过对一个系统的分量部分（子系统）的了解，不能对系统的性质做出完全的解释，这样的系统称为"复杂系统"。据此定义，可以证实企业是一个复杂系统。由于它在发展过程中必须与它的环境进行物质、能量和信息的交换，因此，企业又是一个开放的复杂系统。比较而言，企业的外部环境就是一个具有更高程度复杂性的超常系统。复杂性主要存在于或是表现在系统与其环境的相互作用关系过程中。企业的复杂适应性主要表现在企业结构的复杂性、企业环境的复杂性以及企业结构和环境的相互作用关系上。

（三）知识生态系统复杂适应性

在生态学中，生态系统就是在一定空间中共同栖居的所有生物（生物群落）与其环境之间，由于不断地进行物质循环和能量流转过程而形成的统一整体。在一定区域内，和生物一样，没有一个知识主体（知识主体是

指能为问题求解提供专门且高水平的知识的个人、群体或企业）能够长期单独生存。在社会中，每个知识主体直接或间接地依靠别的知识主体而存在，并形成一种有规律的组合。在这个组合中，相对于每一个知识主体来说，主活在它周围的其他知识主体连同知识环境构成了其生存的外部环境。知识主体与其外部环境通过物质、能量和信息的交换，构成一个相互作用、相互依赖、共同发展的整体。我们把这种知识主体与知识环境形成的相互作用、相互影响的系统，叫作知识生态系统。具体来说，知识生态系统是指在知识主体之间及知识主体与知识环境之间不断进行知识交流与知识循环而形成的统一整体，是一个由知识与知识主体及知识环境（包括知识管理技术、外部文化、外界结构、知识战略等）所组成的人工生态系统。

三、人力资源生态系统 CAS 特征研究

人力资源生态系统作为一种人工生态系统，具有极其明显的复合生态系统结构特征。该系统由不同行业、职业规则或者模式相互作用的行为主体组成。这些主体能够洞察彼此的行为并根据其他个体的行为来调整自己的行为。人力资源生态系统能不断地学习和进化，并且经常同其他的系统相互作用，其具有强烈的适应能力，能不断调整适应方式以进行学习和进化。

根据生态系统的复杂适应性特征，我们可以相应地总结出人力资源生态系统 CAS 的相关特征。霍兰根据以往研究遗传算法和系统模拟的经验，提出了 CAS 系统在适应和演化过程中的七个要素，即聚集（Aggregation）、标识（Tagging）、非线性（Non-linearity）、流（Flows）、多样性（Diversity）、内在模式（Internal Model）、构筑块（Building Blocks）。其中，前四个要素是个体的某种特性，它们将在适应和进化中发挥作用，而后三个要素是个体与环境进行交流的机制。通过这七个基本点，可以判断系统是否为复杂适应性系统。人力资源生态系统属于典型的 CAS 系统。我们从聚集、标识、非线性、流、多样性、内在模式和构筑块七个方面分析人力资源生态系统

CAS 特征。

(一)"聚集"特征

"聚集"主要是指主体通过"黏着"形成较大的、所谓多主体的聚集体,从而导致层次的出现。由于主体具有这样的属性,它们可以在一定的条件下,在双方彼此接受时组成一个新的主体——聚集体。聚集体在系统中像一个独立的个体那样行动。同类主体(Agents)的聚集形成介主体(Mem-Agents),从而导致层次的涌现。但并不是任意两个主体都可以聚集在一起,只有那些为了完成共同功能的主体才存在这种聚集关系。聚集不是简单的合并,也不是消灭个体的吞并,而是新类型的、更高层次上的个体的出现。原来的个体也并没有消失,而是在新的、更适宜自己生存的环境中得到发展。在复杂系统的演变过程中,较小的、较低层次的个体通过某种特定的方式结合起来,形成较大的、较高层次的个体。这是一个十分重要的、关键的步骤,往往是宏观形态发生的转折点。

人力资源生态系统具有典型的复杂性,它由具有主动性的主体组成,所包含的单个主体(个人)通过某种组织形式聚集成上层的主体(团体),上层的主体(团体)又能够聚集成更上层的主体(企业),组成 CAS 典型的谱系结构。人力资源生态系统内部是一个分工明确的系统,其个体因子具有智能性和学习能力,具有主动性和适应性,它们有自己的目标、取向,能够在与环境的交流互动中有"目的"、有"方向"地改变自己原有的行为方式和结构,以更好地适应环境。这些个体因子在一起就能够形成企业的分工子系统,形成具有一定综合性的分工集合,完成系统生产经营中的某一特定职能;而不同的分工子系统又聚集在一起构成人力资源生态系统这一整体,共同完成系统生存发展的最终目标。在上述主体不断聚集的过程中,人力资源生态系统内部分工结构和层次不断形成,而主体的这种聚集是为了完成同一功能——实现获取长期稳定竞争优势这一共同目标。

(二)"非线性"特征

非线性是线性的反面,包括以下两个含义:一是叠加原理不成立,即

f（ax+by）≠ af（x）+bf（y），这意味着 x、y 之间存在着耦合。对（ax+by）的操作，等于分别对 x 和 y 操作外，再加上对 x 与 y 的交叉项（耦合项）的操作；或者 x、y 是不连续（有突变或者断裂）、不可微（有折点）的。二是变量间的变化率不是恒量。"非线性"是指个体以及它们的属性在发生变化时并非遵从简单的线性关系。个体之间相互影响不是简单的、被动的、单向的因果关系，而是主动的"适应"关系，从而导致主体之间、层次之间的相互关系并不构成简单的"整体等于部分之和"的线性关系，而产生诸如混沌、分型、分岔等复杂的非线性耦合关系。以往"历史"会留下痕迹，以往的"经验"会影响将来的行为，实际上是各种反馈相互影响、相互缠绕的复杂关系。正因如此，复杂系统的行为才会如此难以预测，才会经历曲折的进化，呈现出丰富多彩的性质和状态。

人力资源生态系统的因子之间有着广泛而紧密的联系，每个因子都有其自身的特点，每一因子的变化都会受到其他因子变化的影响，并会引起不同因子之间的相互作用。现实中许多成功的人力资源生态系统的结构模式千差万别。可见，人力资源生态系统具有强烈的非线性特征。（1）人力资源生态系统不具有加和性。个体因子能力、知识等的增强并不意味着部门的增强，而部门能力的增强也并不意味着企业整体能力的增强；另外，各个个体因子知识、能力等的增强并不意味着子系统的增强，而子系统的增强也并不意味着企业整体能力的增强。（2）人力资源生态系统内各个体因子与子系统之间的范围都不能完全划分清楚。人力资源生态系统内各种交叉、重复、冲突、空白的现象长期存在；人力资源生态系统的系统输入和系统演进并不是正相关的。（3）不可能完全消除人力资源生态系统内部的低效率状况。虽然可以运用各种手段来消除人力资源生态系统的不确定性，但是依然不能控制人力资源生态系统目标的实现程度，且系统内外任何微小的、偶然的变化都可能使得整个系统的目标指向转向难以预料的方向，产生不可控制的结果。

（三）"流"特征

"流"是指在个体与环境，以及个体相互之间存在着物质流、能量流和信息流。系统越是复杂，信息、能量和物质交换就越发频繁，各种流也就越发错综复杂。这种流的渠道是否通畅、迅速到什么程度等，都直接影响系统的演化过程。另外，流可看作一种资源，是有方向的，可以导致沿着该方向的一方资源价值的增值。人力资源生态系统可以认为是一个各种个体因子之间的功能与物质、能量、信息的耦合网。之所以说它是一个"网"而不是"链"，在于强调它的层次性和并行性。通过这个"网"，各层次的因子之间及因子与环境之间进行着物质、能量和信息（知识）的交流。人们常讲，现实世界由物质、能量和信息（知识）三大要素构成。三要素相互联系、相互制约，由于物质不灭、能量守恒，凡涉及物质、能量的系统属性都是加和性的，即整体等于部分之和。

人力资源生态系统的复杂适应特征不可能使世界的物质和能量有所增减，这必定与信息有关，因为只有信息是不守恒的，可以共享，可以增值。从信息角度刻画整体与部分关系的特征都是非加和性的。世界是由简单到复杂不断演化的，复杂性的增加并不意味着物质、能量的增减，而归根结底是信息的变化和增减。因此，在知识经济时代，知识成为新的经济增长要素，以信息和知识为基础的人力资源生态系统成为增强其自身能力的强有力手段。

（四）"多样性"特征

"多样性"是指复杂适应系统在适应过程中，由于种种原因，个体之间的差别会发展与扩大，最终形成分化；同一属性的主体之间也有着属性的差异性，而且这种差异性决定着它们在行为上也不完全相同。多样性与聚集结合起来体现了宏观尺度上的"结构的涌现"，即"自组织现象"。社会经济系统的复杂多变，以及企业不可能有固定的成功经营模式正体现于此。一般来说，多样性包含两方面的内容：一方面是可能性的多样性；另一方面是稳态的多样性。前者为涌现现象的发生提供了条件，而后者则为演化

（稳态的跃迁）开辟了可能的途径。

人力资源生态系统的个体因子和它们的行为方式具有多样性的特征。多样性体现在人力资源生态系统个体因子能力的非单一化、能力表现的多元化。人是复杂性的个体，不同的成长环境和教育背景使人在个性特征、知识结构、工作经验、个人发展需求、认知水平和能力水平等方面存在显著的差异。同时，人力资源生态系统在不同的发展阶段对人才的需求也是有差异的。这在一定程度上影响着个体在人力资源生态系统中能力的发挥程度。这些差异性也就形成了人力资源个体因子在系统中发展的多样性。此外，人力资源生态环境、人力资源自身的特点，以及个体因子间的相互影响、相互作用等，都可能是造成人力资源个体因子在系统整个发展过程中存在差异性的原因。

（五）"标识"特征

"标识"是 CAS 系统为了聚集和边界生成而设定的标志。为了相互识别和选择，无论在建模还是在实际系统中，标识的功能与效率决定了信息交流的实现程度。

本节在对人力资源生态系统的"聚集"进行描述时就已经提到过，并非所有的主体都可以聚集在一起，只有那些为了完成共同功能的主体之间才存在这种聚集关系。而这种共同的功能需要赋予一种可以辨认的形式，该形式即是标识。标识如同战场上将自己的军队聚集在旗帜下的军旗，它是实行信息交流的关键，能够实现识别和选择的行为。在人力资源生态系统中，标识如同纽带，由它所引导的聚集形成了主体之间的功能耦合。人力资源生态系统的个体因子在由少到多、由单一到综合的发展和创造过程中会发生结构的涌现，而在涌现过程中，标识既是人力资源生态系统形成过程中的生成物，同时又是人力资源生态系统引导不同个体因子聚集方向的一个图标，反过来促进了人力资源生态系统进一步的发育和成熟。

（六）"内在模式"特征

复杂系统是由简单—复杂的若干层次所构成的，而每个层次可视为一个内部模型，它会与模型外部发生关系。在构造 CAS 系统时，可以将描述其属性的指标体系合理地组合、搭配，从而构建出所需要的各种子系统模型。

人力资源生态系统中的个体因子要适应外界环境就必须对外在的刺激做出适当的反应，而反应的方式由内部模型所决定。人力资源生态系统的平衡既是一种状态，又是一种过程，而处于平衡状态的内部模型常常作为个体因子间描述和预测彼此行为的依据。然而，平衡状态又不是绝对静止的，一个较低水平的平衡状态通过知识主体和环境的相互作用就可以过渡到一个较高水平的平衡状态。这种平衡的、连续不断的发展，就是人力资源生态系统的发展演化过程。内部模型，盖尔曼和皮亚杰均称之为"Schema"（图式或基模），它实际上代表了个体因子对外在刺激的反应能力。它可以是人力资源生态系统个体因子在适应环境过程中的一个行为规则，可以是对现实可能状态的一个预期，也可以是一个概念、一个符号等。

（七）"构筑块"特征

复杂系统是由若干个简单个体构成的，在新个体的基础上会形成更复杂的个体。复杂系统常常是相对简单的一些部分通过改变组合方式而形成的。因此，事实上的复杂性，往往不在于构筑块的多少和大小，而在于原有构筑块的重新组合方式。构件其实就是子系统已经建立起的稳态。在很多情况下，旧的内部模型常常扮演构件的角色，通过重新组合而生成新的内部模型。霍兰认为，如果一个基因群有足够的统一性和稳定性，那么这个基因群通常就可作为更大的基因群的构筑块。因此，内部模型和构件是理解复杂系统层次性的两个关键概念：某一个层次上涌现出来的内部模型稳态作为更高层次上的一个构件，参与其他构件之间的相互作用与耦合。于是，通过合理地区分系统的层次，运用这两个概念便可以帮助我们弄清不同层次之间的规律是如何联系和转化的。

根据以上的讨论，我们不难发现，人力资源生态系统具有类似于分形（Fractal）的特点：人力资源生态系统是由若干子系统耦合而成的一个关系网，而每一个子系统又是更低层次的子系统耦合而成的关系网，并且从结构和功能来看，每一层次子系统的内部结构及耦合方式都与更高层次及更低层次的系统相似。由多层次构件构成的人力资源生态系统具有多层次、多功能的结构，每一层次均是构筑上一层次的基本单元，同时又对下一层次的单元起支配和控制作用。人力资源生态系统各个层次上的个体均具有智能性、适应性、主动性等特征。人力资源生态系统发展过程中，个体的性能参数在变，个体的功能、属性也在变，整个人力资源生态系统的结构、功能也产生相应的变化。

通过上述分析可以看出，人力资源生态系统具有复杂适应系统的七大特征；人力资源生态系统内的各因子／要素（子系统）具有自主的判断和行为的能力、与其他因子／要素（子系统）之间交互（信息、能力和物质）的能力、对环境适应的能力，并且具有相互依赖性，还能根据其他因子／要素（子系统）的行为及环境变化不断修正自身的行为规则，以便与整个系统和环境相适应。

第二节　人力资源生态系统稳定性

稳定性概念成为一种科学术语，最早始于牛顿力学体系。无论是种群、群落还是生态系统，这样一类生态学意义上的系统，稳定性分析都是理解系统动态行为的重要方面。人类迫切需要解决的自然资源管理、生态环境保护及持续发展等问题，都有赖于对生态系统稳定性的认识。

人力资源生态系统的稳定性，对人力资源生态系统的健康、持续发展具有决定意义。在如今信息、技术、市场瞬息万变的时代，人力资源生态系统的不稳定会导致系统内部结构混乱无序，功能由于内耗而减弱，甚至导致系统的坍塌。研究人力资源生态系统的稳定性问题，将会给人力资源生态系统的健康管理提供依据。

一、系统稳定性内涵

关于稳定性的定义，不同的学科领域，如数学、工程等都有自己的理解。比较经典的是控制学中对稳定性的理解：如果对于小的干扰，运动所受的影响将较小，则未受干扰的运动被视为稳定；如果对于大的干扰，运动所受的影响将较大甚至无界，则未受干扰的运动被视为不稳定。控制学领域的稳定性理论中，以李雅普诺夫（Lyapunov）稳定性理论最为经典。对于一个 n 维自适应系统，他将其稳定性分为稳定、渐进稳定和大范围稳定三种形式。

系统的稳定性，与传统稳定性的概念有所不同。传统的稳定性是一种平衡的、静止的稳定性，而现代科学所定义的系统的稳定性是指系统在非平衡的状态下保持自身有序的稳定性的能力。因此，对于系统稳定性较为准确的定义为：在外界作用下，开放系统具有一定的自我稳定能力，能够在一定范围内自我调节，从而保持和恢复原来的有序状态、原有的结构和功能。

二、生态系统稳定性内涵

经典的生态系统稳定性定义，包括生态系统对外界干扰的抵抗力（Resistance）和干扰去除后生态系统恢复到初始状态的能力（Resilience）。

Margalef 用恒定性（Constancy）、持久性（Persistence）等来描述生态系统稳定性特征，认为稳定性是指系统或系统某些组分在一定空间范围内保持恒定或持续存在的时间。

邬建国认为，生态系统稳定性包括四种相关但不相同的含义和用法：抗变性或阻力、复原性或恢复力、持续性或持续力、变异性或恒定性。

柳新伟等人将生态系统稳定性定义为不超过生态阈值的生态系统的敏

感性和恢复力。生态阈值是生态系统在改变为另一个退化或进化系统前所能承受的干扰限度；敏感性是生态系统受到干扰后变化的大小与其维持原有状态的时间；恢复力就是消除干扰后生态系统能回到原有状态的能力，包括恢复速度和与原有状态的相似程度。

三、人力资源生态系统稳定性内涵

目前，文献资料未见企业人力资源生态系统稳定性的定义，由于不同生态系统之间存在着功能相似性、结构的可模仿性，我们先考察与研究紧密相关的产业生态系统稳定性概念：产业生态系统稳定性主要体现在系统的抵抗能力和恢复能力两个方面。抵抗能力是指产业受到各种因素的干扰，如宏观经济不景气、政治环境不稳定、产品需求量突变等，产业生态系统能够抵抗外界不利因素的干扰而维持系统结构和功能的能力。恢复能力是指产业生态系统遭到外界各种因素的扰动后，迅速恢复到原系统状态的能力，甚至逐步上升至一个更优状态的能力。

参照生态系统稳定性的经典定义，我们对人力资源生态系统稳定性的概念做如下界定：人力资源生态系统稳定性是指生态系统在受到外界环境的干扰后，系统保持现状的能力，即抗干扰能力与系统受到干扰后回到原来状态的恢复能力。人力资源生态系统的稳定性强弱，取决于自身的各种能力、组织结构、组织文化等很多因素。不同类别的组织、企业，其影响因素也会不同。

人力资源生态系统不可避免要承受来自环境或系统自身的各种干扰，如自然环境变化、国家政策制度变动、外部竞争对手和人力资源市场变化的影响等；系统内部人力资源竞争格局的变化，系统内部组织体系、薪酬模式、激励方式的改变，系统内部人员的流动和流失，系统不断的发展变化等，都影响到人力资源生态系统的稳定状况。人力资源生态系统与其他相关子系统互动和相关性很大，而其他生态系统发生变化时，也会给人力资源生态系统带来一定的冲击。人力资源生态系统自觉抵制干扰，维持稳定，以及失去稳定后的自我恢复能力，是人力资源生态系统健康、持续发展的重要内容。

四、人力资源生态系统稳定性特征及其影响因素

（一）人力资源生态系统稳定性特征

从系统论角度出发，企业人力资源生态系统稳定性是一种开放的，动态的、相对的，整体的稳定。

1. 开放的稳定性

生态系统是一个不断与外界进行物质、能量和信息交换和交流来维持其稳定性的开放系统。企业人力资源生态系统也是一个开放的系统、一个典型的耗散结构，它不断从外界引入负熵来抵消正熵的增加，维持系统的稳定与有序。比如，企业会逐步淘汰不合适的员工，而招聘新员工来逐渐完善企业人力资源类型和结构，使其符合企业发展的要求。同时，企业通过与外部环境的信息交流，不断适应外部环境的变化来维持其稳定性。可以说，如果企业人力资源生态系统是一个封闭系统，由于内耗，必会造成其结构的坍塌，其稳定性无从谈起。

2. 动态的、相对的稳定性

运动是物质的固有属性。企业人力资源生态系统通过管理系统针对不断变化的内外因素，为维持系统的正常功能所做出的一系列系统结构和功能的变化，通过反馈调节机制和系统自组织，使各种变化限定在允许的范围内，以保持企业人力资源生态系统具有正常的功能，保持人力资源生态系统处于动态的、相对稳定的状态。

3. 整体的稳定性

企业人力资源生态系统的稳定性，不是指系统中个别要素、个别部分、个别层次的稳定性，而是指企业人力资源生态系统整体的稳定性。如果某

一部分或某几部分是稳定的，而其他部分却不稳定，那么这种不稳定会影响到其他部分的稳定，造成整个系统的不稳定。部分稳定不代表整体的稳定，只有部分之间以一种有机的结合方式，才能体现整体的稳定。

（二）人力资源生态系统稳定性的影响因素

人的自然、社会双重性，决定了人力资源生态系统包含着人与自然环境、人与社会环境的两大类物质、能量、信息交流。人力资源作为影响和制约社会经济发展的一个重要因素，在一定程度上服从于社会经济的发展规律。与此同时，人力资源作为一个自然因素，必然要服从于生态学和人类学的自然规律。企业人力资源生态系统作为人力资源生态系统的子系统，其稳定性同样受到其所处的社会、自然环境的影响和制约。自然环境和社会环境的剧烈改变，在各个层面上冲击着企业人力资源生态系统的变化，影响其稳定性。比如，市场环境变化、法律法规改变、经济政策调整等，会给企业人力资源生态系统稳定性带来冲击。

企业人力资源生态系统还受到企业层面的一些因素的影响，如企业发展前景好、竞争力强等，都会保持对人才的吸引力，而那些处于相对弱势的企业对人才的吸引力较弱，人才的流失在所难免。同样，企业的薪酬高低、考核是否公平、培训晋升等，都影响员工的忠诚度和离职倾向，进而影响其稳定性。企业层面的影响因素主要有企业文化、企业规模、发展阶段和发展前景、人力资源管理制度等。譬如，企业规模、企业管理模式等对离职倾向和工作满意度具有很大的影响；企业效益和前景是影响员工去留的重要因素；员工导向文化既有利于知识型员工的感情承诺，也有利于他们的继续承诺，而任务导向文化既不利于知识型员工的感情承诺，也不利于他们的继续承诺。

人力资源要素是企业人力资源生态系统的主体，它们的自身特征是企业人力资源生态系统稳定性的主要影响因素。例如，企业员工的工作志向、兴趣与企业的工作氛围是否匹配，将会深深影响其是否愿意在企业中工作；领导者的领导风格等不但会影响员工的工作氛围，还会影响到企业的大环境。Watson Wyatt 指出员工忠诚的主要驱动因素是领导的能力和管理效率。

人力资源要素主要包括领导因素和员工因素。

第三节 人力资源生态系统演化

一、演化与生态系统演化

（一）演化的起源

德国生物学家 Von.Haller 率先把演化（Evolution）一词系统地用于生物现象。法国生物学家 Lamarck 最早提出了物种起源的演化学说，认为一切物种，包括人类在内，都是由其他的物种传衍而来的，而生物的变异和演化又是一个连续的、缓慢的过程。环境的改变使生物发生适应性的演化。环境的多样性是生物多样化的主要原因。1859 年达尔文（Darwin）建立了科学的生物进化论，认为自然界的生物是以"物竞天择，适者生存"的规则演化的。1862 年社会学和生物学家 Spencer 给"演化"下了定义："演化乃是物质的积聚和与之相伴随的运动的耗散，在此过程中物质由不定的、无条理的同质状态转变为确定的、有条理的异质状态。"Dobzhansky 发表了《遗传学与物种起源》，对自然选择和基因学说进行了综合和提高，形成了现代达尔文进化论（Darwinian），标志着生物学演化思想的真正形成。

（二）演化的内涵

"演化"一词是由拉丁词"Volvere"发展而成的，该词的字面意思是"滚动"，常常被理解为运动。在牛津英语词典中，Simpson 和 Weiner 对"演化"一词的概念进行了概括，提出了"演化"的九种基本含义：一是发展和展开的过程；二是出现或突现的过程；三是解除或散发的过程；四是曲线展开的过程；五是详细工作的过程；六是从初级到成熟或完全状态的发展过程，或者萌芽的或预先存在形式的发展的观念，或者指物种的起源；七是根据内在的趋势，有机体具有可比性的事物的发展过程；八是来自宇宙物质的天体形成过程；九是人类社会的发展过程。"演化是生物学的核心概念，并不意味着它是固有的生物概念。如果存在一个演化过程的条件，演化就能出现在其他领域"；"从生物体的演化，到文化、社会和技术的演化，以及我们个人的知识发展，都具有共同和一般性的特征"。

（三）生态系统演化及其发展

生态系统在时间向度上的复杂性和有序化程度的增长过程就是演化。广义的演化应包含生物演化（我们通常译为"进化"）和非生物系统的演化。演化具有时间尺度差别，在短的时间尺度上，针对某一具体地区的生态系统而言，从其建立之初的相对不稳定状态，通过内部生物之间、生物与环境之间的相互作用和系统内物种的自我组织、自我调整过程而逐步达到相对稳定的状态。在这个过程中，系统内的生物与环境都经历了有规律的变化，在生态学上称之为演替（Succession）。通过演替而达到稳定平衡状态的生态系统如果再随时间而进一步不断改变则称为演化。江洪、张艳丽认为，演替不光是生态系统在时间序列上的替代过程，而且也是生态系统在空间上的动态演变。他们的研究表明：干扰破坏了生态系统的稳定性，会形成生态系统结构和功能的破损；同时，干扰也是生态系统演替的外在驱动力，自然的和人为的干扰引起生态系统的对称性破缺，推动了系统的进化和演变。孙自永认为，生态系统的演化是长程作用的变化，以及中、短程作用的变化共同作用的结果；长程作用的变化决定着系统在大时间尺度上的演化趋势，而中、短程作用的变化造成生态系统的短周期波动；长程作用变化的结果（即生态系统演化的长程效应）表现为系统宏观格局的改变，而中、短程效应则表现为系统局部细节的短时波动。

二、与本研究紧密相关的生态系统演化

（一）产业生态系统演化

朱永达、张涛运用哈肯模型建立起产业系统演化方程，通过以郑州为

例的实证分析，定量地论证了反映创新和科技进步的劳动生产率是产业系统演化的序参量，对方程中的四个参数做了灵敏度排序。徐大伟、王子彦等人运用耗散结构理论研究工业生态系统的自组织机理，提出了"工业生态熵"的概念，通过对工业生态系统进行熵值分析和熵流判别，建立工业生态系统演化方向判别模型，揭示了工业共生体自组织内聚的动因。郭莉、苏敬勤运用自组织理论中的哈肯模型，建立产业生态系统演化方程，以北京、上海等 21 个省市为样本进行实证研究，结果表明反映环境科技进步的环保生产率是产业生态系统演化的序参量，从自组织理论角度增强了生态工业主要依靠技术创新这一结论的可信性和说服力。张文龙等人分析了产业生态系统的耗散结构特征，构建了产业生态系统耗散结构模型，研究了产业生态系统耗散结构演化机理，并提出了促进产业生态系统耗散结构正向演化的建议。

（二）城市生态系统演化

城市生态系统内各个子系统的演化表现为一系列演化状态的集合，而城市生态系统的动力学过程就是这些状态的连续转移过程，是一个系统的复杂演化过程（Finco A.，2001）。城市生态系统演化模型的发展阶段，以是否考虑生态环境因素作为分界点，可以划分为早期的城市演化模型阶段和当代的城市生态系统动力学演化模型阶段。1915 年英国生态学家 Geddes 出版《进化中的城市》，标志着人类对城市动力学演化研究的开端。1960 年开始，随着环境科学的发展，人们开始关注城市生态系统演化的动力学特点，并进行了一系列有益的尝试，建立了一些兼容城市土地利用、生态影响因子、环境变化因子等子系统。Grove 从社会生态学的角度，揭示了美国马里兰州市 1920—1990 年的社会文化和生态特征的时空异质性，将城市的交通系统发展与演变同城市环境问题相结合考虑，分析了交通对于城市空间组织结构的影响，以及经济因子、社会因子与城市空间的相互作用，并采用基于专家战略的情景分析法，讨论交通发展对于城市演化的影响。张妍等人基于耗散结构理论和城市复合生态系统理论，构建了城市生态系统演化分析的指标体系，建立了评估城市生态系统演化的量化模型。马海虎等人构建了温州城市生态系统演化分析的指标体系，应用信息熵法建立了量化模型对温州生态系统演化和可持续发展能力进行分析，结果表明温州生态系统已处于不稳定状态，在调整的过程中更应该注意调整政策的稳定性、适用性和合理性。

（三）商业生态系统演化

对于商业生态系统来说，演化意味着发展，具体体现在系统更有活力、结构更复杂、面对变化的抵抗力和恢复力更强等。商业生态系统的演化包括三个过程：第一，由非组织到组织的过程演化、从混乱的无序状态到有序状态的演化，这意味着商业生态系统的起源，需要研究的是组织或有序起点和临界问题；第二，由组织程度低到组织程度高的过程演化，这是一个层次的跃升，如突破性技术的发明等；第三，在相同组织层次上由简单到复杂的过程演化，如成员的增加等。1996年美国学者穆尔从系统均衡演化的层面，将一个商业生态系统的发展划分为四个阶段：开拓阶段、扩展阶段、领导阶段及自我更新或死亡阶段。杜国柱、王博涛将商业生态系统与自然生态系统进行了比较，对比了两者演化机制的不同。

三、人力资源生态系统演化内涵及其动力特征

（一）人力资源生态系统演化内涵

人力资源生态系统与自然生态系统一样，具有生命特质，会随着系统内各生命体的交互作用而逐步进化，具有由简单到复杂渐进式演化的特性，本质上是动态进化导致系统的结构和功能优化发展。

人力资源生态系统的演化意味着发展，从系统的基元——个体因子来看，表现为系统内部个体因子之间通过竞争与协同等相互作用，通过自我组织、自我调整而逐步达到相对稳定的状态。在这个过程中，首先，个体因子会进行有选择性的"学习"或"积累经验"；其次，个体因子根据学到

的经验有意识地改变自身结构和行为方式，从而产生变异；最后，通过有选择地"学习"和有意识地变异，个体因子适应了动态的环境，得到了进化和发展。人力资源生态系统中的个体因子就是这样不断地选择、变异和发展循环，实现与动态的环境相适应。

从系统的结构和功能来看，系统的初始状态往往有序程度很低，人和人之间的磨合难度较大、默契程度较低，各职能部门（子系统）、工作团队之间同样面临磨合和默契的问题，系统整体功能难以有效实现。随着各子系统之间、系统基元之间、系统基元与子系统之间、系统基元和子系统与环境之间的物质、能量和信息交换，系统各因子自我调整、学习、变异，系统内部各组成模块之间有序性增强、功能互补性增大，系统的整体有序程度上升，系统功能逐步强化，团队的协作能力大大加强，整体效能提升，到了一定程度，由量变到质变，系统会衍生出新的系统功能，体现出系统的组织、结构和功能性演化特征。

（二）人力资源生态系统演化动力

按照哈肯（Haken H）的观点，自组织系统演化的动力是系统内部各个子系统之间的竞争和协同，而不是外部指令。他指出，系统内部各个子系统通过竞争而协同，从而使竞争中的一种或几种趋势优势化（形成"序参量"的过程），并因此支配整个系统从无序走向有序，即自组织起来。

人力资源生态系统演化的动力，也是来自系统内部的两种相互作用：竞争和协同。个体因子之间、工作团队之间的激烈竞争促使人力资源生态系统趋于非平衡，而这正是自组织演化动力和自组织形成的首要条件；同时，个体因子之间、工作团队之间的协同，则在非平衡条件下使个体因子和工作团队的某些行为趋势联合起来并加以放大，从而使之占据优势地位，支配着人力资源生态系统整体的演化。

1. 竞争

所谓竞争，就是系统间或系统内各要素或各子系统间相互争胜、力图取得支配和主导地位的活动与过程。竞争是人力资源生态系统演化最活跃的动大。人力资源生态系统中的个体因子由于异质性和从组织中获取的资源能力等不同而不可避免地存在竞争，各工作团队的职能分工、群体差异、利益博弈也使之存在竞争，而竞争的存在和结果则可能造成系统内部或系统之间更大的差异、非均匀性和不平衡性。从开放系统的演化角度来看，这种竞争一方面造就了系统远离平衡态的自组织演化条件；另一方面推动了系统向有序结构的演化。

2. 协同

所谓协同，就是系统中诸多子系统的相互协调、合作的或同步的联合作用、集体行为。在人力资源生态系统中，个体因子（或工作团队）之间的协同在组织发展中起到了重要的作用。为了共享利益，甚至曾经有利益冲突的个体因子（或工作团队）都可能为达成一种默契或联盟而共同学习，一起应付其他人力资源生态系统。协同的重要意义在于，协同使得各个个体因子（或工作团队）获得了更好的发展。以合作求竞争，已经被管理界认识、提倡，并且被企业界认同。

3. 序参量与支配过程

哈肯认为不论什么系统，如果某个参量在系统演化过程中从无到有地变化，并且能够指示出新结构的形成，那么它就是序参量。对于人力资源生态系统，序参量主要指其内部各个体因子（或工作团队）在合作与竞争中所形成的一系列协议、习惯和规则等。首先，序参量是人力资源生态系统内部各个体因子（或工作团队）集体行为的产物，是其合作效应的表征与度量。比如人力资源生态系统在形成之初，可能是处于无序状态，即系统内各个体因子（或工作团队）独立行动、各行其是，但当某一控制参量驱使系统远离平衡时，各个体因子（或工作团队）的独立行动开始关联、相互作用；又由于涨落的存在，各个体因子（或工作团队）的关联与相互作用和环境的能量输入共同构成非线性的耦合关系，在非线性正反馈的作用下，自发走向所谓"长程关联"（原来只有相邻近的子系统才有影响与作用，而今影响与作用则波及不邻近，甚至远离着的各子系统间）。于是协同开始在竞争与协同的矛盾中占据主导地位，各个体因子（或工作团队）间形成合作关系，协同行动，最终导致序参量出现。其次，序参量支配人力资源生态系统内部各因子的行为，主宰人力资源生态系统自组织的整体演化过程。

（三）人力资源生态系统演化条件

人力资源生态系统是典型的、非线性的复杂系统，具有自组织特征，可以从自组织的条件来研究其演化条件。自组织是指没有外界的特定干涉而能自行组织、自行创生、自行演化，使组织从无序到有序、形成有序结构和层次的系统。

自组织系统必须具备四项条件：开放及开放到一定程度、远离平衡态、非线性相互作用和涨落。每一项都是形成自组织的必要条件，每一项在自组织的生成过程中都有自己的地位和作用，单独的任何一项都不足以引发系统的自组织行为。本节将从开放性、远离平衡态、非线性相互作用和涨落四个方面，分析人力资源生态系统的演化条件。

1.开放性

人力资源生态系统在自身的演化发展过程中，需要不断地与外界进行人员、信息、技术等方面的交换，并通过反馈进行自我控制和调节，以达到适应外界环境变化的目的。因此，人力资源生态系统必须保持开放性，才能维持系统的自组织演化。在组织发展的不同阶段，组织必须根据自身发展的需要，从外界引进优秀的人才、先进的技术和管理理念，同时也会淘汰不能够适应系统发展的人员、技术和管理理念。可以说，人力资源生态系统的生存和演化，实质上是在不断与外界环境交换物质、人员、信息的过程中实现的。在计划经济时期，有些国有企业的人力资源生态系统长期封闭，不具备开放性条件，导致人员结构不断劣化，组织活力不断下降。现在还有一些特殊行业组织，不公开向社会选拔人才，只有通过特定途径才能进入，系统的开放性不够，自组织演化功能受制。

2.远离平衡态

在一个人力资源生态系统内部，各个因子的知识、能力和职责是不同的，因子所在的子系统具有的职能和发展目标也是不同的，不同因子对同一子系统产生的影响也存在差异等。这些都表明了人力资源生态系统是处于远离平衡的状态。如果人力资源生态系统处在平衡状态下，即系统内所有组成因子在知识、能力、职责等方面相差无几，各个因子拥有相同的权利和报酬，那么这种均衡的状态势必导致整个系统变得死气沉沉，缺乏竞争力，很难再取得进步和发展。因此，远离平衡态是人力资源生态系统演化发展必不可少的条件。

3. 非线性相互作用

非线性相互作用是指复杂系统中诸要素不是简单地进行数量叠加，而是随时间、地点和条件的不同，呈现出不同的相互作用方式和效应，即整体不等于部分的简单加和。在人力资源生态系统中：首先，由于非线性作用，不同的个体因子（或工作团队）处于一种竞争状态之中，相互争取空间、时间或功能上的有利态势与资源优势，这就造成非平衡的竞争协同运动，因而促进了系统演化；其次，生态系统内部同时还存在各因子间的协同，而协同又使各因子联合起来。如果没有非线性作用，那么这种联合仅仅是各因子作用的简单叠加，而在非线性作用下，这种线性叠加失效了，取而代之的是这种联合被放大而产生整体性行为。一个员工微不足道的失误 最终可能使整个企业损失重大。例如，1995 年由于里森个人的判断失误，使得英国百年老店巴林银行倒闭。同样，一个优秀员工的优秀行为可能给整个组织带来极大的好处。人力资源生态系统的功能和水平不是由具备各个不同知识和能力的个体因子简单叠加，而是由各个因子间的非线性相互作用形成其自身的功能和特性。

4. 涨落

系统的发展演化通过涨落达到有序，通过个别差异得到集体效应放大，通过偶然性表现出来的必然性，从而实现从无序到有序，体现出涨落有序的特征。涨落是对系统稳定的平均状态的偏离。任何一个现实的系统都不可能处于绝对静止的平衡状态。人力资源生态系统也不例外。人力资源生态系统的影响因素分为外部因素和内部因素。外部因素如国家政策的变化、突发事件的发生等；内部因素如高级人才的突然离职、员工学历结构的变化、新的管理策略的实行、新技术的创新等。这些变化无疑都会影响到整个系统，从而使人力资源生态系统偏离正常运行轨道，出现涨落现象。在这些因素中，有的因素是有利于提高整个系统管理的效率，而有的则是背离系统发展目标，它们的综合作用最终影响系统的演化。因此，涨落是人力资源生态系统演化的重要动力。

综上所述，我们得出人力资源生态系统是一个远离平衡态的、非线性的、具有涨落特征的开放系统，具备了自组织形成的条件。人力资源生态系统能够作为一个自组织系统自行创生、自我适应、自我调节、自我演化，自主地从无序走向有序、由低级有序走向高级有序。

四、人力资源生态系统个体因子自组织演化

本节从自组织理论的角度分析人力资源生态系统的个体因子系统，指出人力资源个体因子具有自组织特性，给出了个体因子自组织演化的机制，为激发组织个体动力、有效管理组织员工提供理论依据。

（一）人力资源生态系统个体因子系统结构

结合当代心理学的动机理论和系统科学理论，从人的生活价值与意义的角度出发，可以假设人力资源生态系统中的个体因子是作为"自我发展人"而存在的。个体因子工作的意义也正在于不断形成和实现心中的发展目标，从而不断促进自我的发展。人力资源生态系统中的个体因子可以作为一个系统来分析。单个个体因子在人力资源生态系统中首先是作为一个个体而存在的，每个个体因子与系统中的其他个体因子既有同质性，又有异质性。个体因子系统至少应该包括以下几个方面。

首先，代表一个个体因子的是该因子的内质特征，包括性格、气质、内在成就动机等个性，以及个人境界、人生追求、价值标准等心性层次的

内容。这是个体因子系统最基础的子系统，有点类似于儒家的修身养性中"性"的系统，道家性命双修中的"真性"，或佛家的明心见性的"心性"，用现代系统科学来说，就是支配和影响人的思想和行为的精神系统（信息系统），其中个人的思想、性格、思维方式乃至智慧都受精神系统所决定。该系统的水平上升，人的行为境界和水平就会随之上升；该系统出了问题，整个人就出了问题。

其次，个体因子的第二个系统是生理意义上的自我系统，即人的肉体系统，包括个人的身体健康状况、体质水平等。身体是本钱，身体出了问题，什么事都做不成。这是个体因子的重要子系统，类似于传统文化性命中的"命"，是现代医学的主要研究对象。该系统同样错综复杂，但相对"性"而言，我们了解得更多、更精细，还比较好把握。按照中医理论，该系统和心性系统紧密相依、互相作用，构成人的生命体系。

在上述两个子系统的基础上，衍生出一系列的次级子系统。由教育背景、知识结构、艺术修养和文化熏陶形成的知识和价值规范系统，它归属于心性与生理系统，也受制于这两个系统，从而形成个体差异。由工作经验、家庭状况、社会地位、经济实力等构成的自我认知和行为逻辑系统，它同样归属于心性与生理系统，但更多受到客观现实的影响，决定其行为取向，如由于个体的地位和环境差异，同样境界的人将有不同的行为模式。

（二）人力资源生态系统中个体因子系统的自组织演化过程

个体因子系统在外部环境需求与系统内在需求的刺激下，通过内部各个子系统非线性相互作用，引起个体因子发展状态的涨落，进而导致个体因子复杂多元的发展（演化）方向。个体因子自身内在系统的运转构成特定的选择机制，推动个体因子系统向更高级别演化发展，达到新的稳态。图 4-1 描述了个体因子因涨落形成的自组织演化过程。

从图 4-1 中我们可以看到，个体因子的自我状态变化可能经过自稳定过程或自重组过程。自稳定过程指的是，个体因子系统在涨落诱因下，其状态的轻微涨落并没有达到打破个体因子目前的平衡状态。根据系统稳定原理，个体因子系统在各种微小偶然扰动的作用下仍能保持原来的状态。当个体因子系统受到过大的涨落诱因的干扰，该干扰超过了打破平衡态的临界值，个体因子无法达到新的平衡状态，就可能引起系统的崩溃。比如，在外部环境突变和压力下的自杀行为，其根源就在于此。

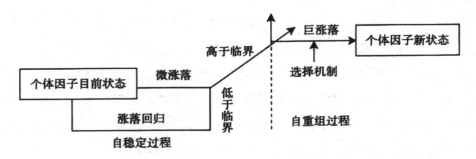

图4-1　个体因子的自组织演化过程

（三）人力资源生态系统中个体因子系统的自组织演化机制

心性系统是基础，生理系统是条件，二者构成的性命系统是个体因子系统演化的起点，也是个体因子系统演化的终点。任何一个人，其人生过程都可理解为其性命系统的一个演化过程，通过演化达到一个新的境界，完成其人生的升华。人的主要差别不在肉体上，更多地体现在精神境界上。心性系统的弹性和发展空间非常广大，构成的个体差异也很大，所以演化的根本基础还在心性层面上，同样的经历、同样的环境，对有的人可能是千载难逢的成就自我的机会，而对有的人则可能是人生的大悲哀。知识和价值规范系统、自我认知和行为逻辑系统，这两个系统在心性系统和生理系统的支撑下，与环境互动，通过选择行为构成内在演化模式，推动个体因子系统演化，使心性系统和生理系统达到新的境界。图 4-2 描述了该演化的过程和机理。

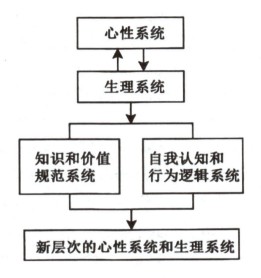

图4-2　人力资源个体因子系统演化过程与机理

（四）基于自组织理论的人力资源生态系统演化模型的构建

人力资源生态系统在自身演化过程中主要受到内部机制和外部环境的影响，即人力资源生态系统自组织演化的动力是由系统内部各个因子自身、因子间的非线性相互作用，以及内外环境变化所产生的随机涨落力共同构成的。我们用自组织理论研究人力资源生态系统各个因子之间的协同竞争关系，结合随机涨落力，建立人力资源生态系统演化发展模型。

1. 演化模型状态参量的确定

建立该系统的基本方程，首先要选取演化方程的状态变化参量。为了简化问题分析，我们把状态参量的数目设定为一个，即人力资源生态系统的成熟度，用 X（t）表示，主要用来描述人力资源生态系统演化过程的状态变量。系统的成熟度体现了系统在某一时刻 t 适应人力资源生态环境发展变化的程度。人力资源生态系统的作用就是合理地配置各种人力资源，促使系统在与周围的自然人社会生态环境的互动过程中能够稳定发展，从而实现系统的自我价值和社会价值。同时，人力资源生态系统的演化是将人与其生存发展相关的自然社会环境作为一个系统考察体系，从系统动力学的角度研究自系统建立起由小到大、由弱到强、由简单到复杂过程的变化规律和过程，强调系统中人与人之间，以及人与系统环境之间的关系。因此，运用成熟度能够较好地解释人力资源生态系统的演化过程。

2. 建立数学方程模型

我们假设人力资源生态系统是一个由不同个体因子组成的系统，而不是由多个人力资源生态子系统所构成的大系统。可设人力资源生态系统共由 m 个个体因子（主要指各种不同职位的人）构成，用 x_i（t）表示在 t 时刻人力资源生态系统在因子 i 作用下的发展成熟度，用 $\dfrac{dX(t)}{dt}$ 表示人力资源生态系统成熟度的变化率。它取决于三种作用：（1）系统中各因子之间的内协同非线性相互作用，即因子自身发展与抑制的结果。比如，个体因子在人力资源整个系统发展中受到自身心性系统特征、能力、专业技能、经验等因素的影响，而这些因素在一定程度上能够促进个体因子自身的发展。记自身发展项为 $a_{ii}x_i$（t），a_{ii} 表示第 i 个要素自身发展的强度系数；自身抑制项为 $-b_{ii}$（x_i（t））^{2}，b_{ii}，b_{ii} 表示抑制自身发展的阻尼系数。比如，在人力资源生态系统中，由于个体专业的限制、经验不足等也可能会阻碍个体因子的发展。当然，这些影响人力资源生态系统发展的个体因子之间不一定会同时起作用，可能在某个发展阶段，有一两个因子起到非常关键的作用，而其他因子并不起作用。（2）系统中各个因子之间的外协同非线性相互作用，即系统中各个因子间的协同与竞争。比如，系统内两个不同职位的人为了共同完成某项组织目标而协同合作，或者为了满足自身利益最大化而竞争（如组织中太过于出类拔萃的新人会受到其他能力不及他的老员工的排挤等）。合作有利于组织目标的快速完成，从而促进人力资源生态系统的发展，而竞争有可能对整个系统的发展产生抑制作用。这些协同和竞争的关系，只发生在某一固定阶段有利益关系的个体之间，在没有任何利益关系的个体间不会存在。记协同项为 $a_{ij} x_j$（t）（j 要素对 i 要素的协同作用），a_{ij} 表示 j 要素对 i 要素协同作用的强度系数；竞争项为 $-b_{ij}(x_j(t))^2$（j 要素对 i 要素的竞争作用），b_{ij} 表示 j 要素对 i 要素的竞争作用的阻尼系数。（3）系统演化过程还受随机涨落力的作用。系统的涨落记为 $f_i(t)$。涨落是与必然随机性的非线性作用动力不同的另一类自组织演化动力。系统的涨落力来源于系统外部环境和系统内部环境两个方面。外部人力资源市场竞争格局的变化、新的劳动法规的变化等，都可能成为影响人力资源生态系统演化的外部涨落力；而系统内部个体的新发明和创新、新的管理模式的出现、个体因子知识结构的改变等，都可能成为影响人力资源生态系统演化的内部涨落力。

因此，人力资源生态系统基本演化方程可表示为如下形式：

$$\frac{dX(t)}{dt} = -\sum_{j=1}^{m} b_{ij}(x_j(t))^2 + \sum_{j=1}^{m} a_{ij}x_j(t) + f_i(t) \quad, i = 1, 2, \ldots, m \qquad (4-1)$$

第四节　人力资源生态系统健康

一、生态系统健康

（一）生态系统健康提出的背景

早在 20 世纪初就有不少科学家预言全球环境将恶化，进而对人类的生存产生潜在的威胁。在随后的社会发展过程中，虽然有的国家、组织、单位及个人为解决环境问题做出了大量的努力，但不幸的是，许多预言潜在的威胁已经变成了事实，尤其是人口过剩、资源短缺、环境污染、生物多样性减少、土地退化和气候变化已对人类和地球的可持续发展产生了恶劣影响，地球自然的生命支持系统受到了严重的干扰和破坏，自然生态系统对人类和环境的服务功能大大减弱。人们开始重视人类生存的持续性问题，随即出现了"公众健康学"（Public Health Science）和"环境健康学"（Environment Health Science）。1992 年，在巴西举行的世界环境与发展大会上，与会国首脑一致强调"国家间加强合作，以保护和恢复地球生态系统的健康和完整性"。科学家们在检讨这些问题时发现，以前关于生态系统管理的理论与方法已明显落后，不能指导解决这些问题，要针对生态系统已不健康的事实，把人类活动、社会组织、自然系统及人类健康等社会、生态和经济问题进行整合研究，系统地研究生态系统在胁迫条件下产生的不健康的症状和机理。生态系统健康（Ecosystem Health）正是在这样的背景下产生的。

（二）生态系统健康的概念和内涵

生态系统健康是生态系统的综合特性，它具有活力、稳定和自调节的能力。也就是说，若一个生态系统的生物群落在功能结构上与理论上所描述的相似或相近，那么它就是健康的，否则就是不健康的。一个病态的生态系统往往是处于趋于衰退和不可逆的瓦解和崩溃过程中。

健康的生态系统具有弹性（Resilience），保持着内稳定性（Homeostasis）。系统发生变化就可能意味着健康状况的下降。如果系统中任何一种指标的变化超过正常的幅度，系统的健康就会受到损害。

Costanza 是较早对生态系统健康进行深入研究的生态学家之一。他是从生态系统自身出发定义生态系统健康的典型代表。他于 1992 年提出生态系统健康是新兴的生态系统管理学概念，是新的环境管理和生态系统管理目标，并给这个概念下了一个简明定义：如果生态系统是稳定的和可持续性的，即它是活跃的并且随时间的推移能够维持其自身组织，对外力胁迫具有抵抗力，并能够在一段时间后自动从胁迫状态恢复过来，那么，这样的系统就是健康的。生态系统健康应该由"活力"（Vigor）、"组织"（Organization）和"恢复力"（Resilience）三个方面构成。随后，他对这个概念做了进一步的归纳：健康是生态内稳定现象；健康是没有疾病；健康是多样性或复杂性；健康是稳定性或可恢复性；健康是有活力或增长的空间；健康是系统要素间的平衡。他强调，生态系统健康恰当的定义应当是上面六个概念结合起来。也就是说，测定生态健康应该包括系统恢复力、平衡能力、组织（多样性）和活力（新陈代谢）。从这个概念可以看出，一个健康的生态系统必须保持新陈代谢活动能力，保持内部结构和组织，对外界的压力必须有恢复力。

Rapport 最早提出了"生态系统医学"（Ecosystem Medicine）的概念，旨在将生态系统作为一个整体进行评估。在 1989 年，他首次论述了生态系统健康的内涵。他认为，生态系统健康的定义可以根据人类健康的定义类推而来。他曾经用以下术语来强调生态健康与人类医学的相似性，即为自然号脉、监测自然疾病、临床生态学，进而提出生态系统健康是指一个生态系统所具有的稳定性和可持续性，即在时间上具有维持其组织结构、自我调节和对胁迫的恢复能力。他把生态系统健康的概念进一步总结为"以符合适宜的目标为标准来定义的一个生态系统的状态、条件或表现"，即生态系统健康应该包含两方面内涵：满足人类社会合理要求的能力和生态系统本身自我维持与更新的能力。

二、人力资源生态系统健康的内涵

生态系统健康的研究成果，已被广泛应用到产业生态系统、商业生态系统健康评价中。借鉴生态系统健康的理念和研究成果，探讨人力资源生态系统健康的内涵，对实施人力资源生态系统健康评价和管理具有重要意义。

（一）其他生态系统中系统健康的相关概念

1. 产业生态系统健康的定义

在综合国内外学者对生态系统健康概念的理解下，更为全面地考虑应将产业生态系统看作一个社会—经济—自然复合生态系统，所以对产业生态系统健康的表述为：产业生态系统健康是指产业生态系统在保障正常的生态服务功能、满足人类需要的同时，维持自身的持续向前发展的能力和状态。一个健康的产业生态系统应该是稳定的、可持续的、有活力的，能够随时间保持其自身的组织力和自主性，在胁迫下易于恢复。

2.商业生态系统健康的定义

结合商业生态系统的特点，商业生态系统健康是指能高效地将原材料转变为有生命的有机体，面对环境的干扰与冲击，能持久地生存下去，并能随着时间的推移创造出新的有价值的功能。

（二）人力资源生态系统健康的概念

关于生态系统健康的概念，许多学者分别从不同的角度对其进行了界定和阐述。在综合国内外学者对生态系统健康概念的理解下，我们将人力资源生态系统健康定义为：系统具有良好的企业内外部生态环境、合理的人力资源结构、有效通畅的功能流、完善的运作机制和内在防御机制、良好的适应能力和学习能力，能够不断挖掘自身的潜力，快速应对系统内外部生态环境的变化，持续地为外界提供有价值的产品或服务，保持系统的稳定性和可持续发展。一个健康的人力资源生态系统应该是稳定的、可持续的、有活力的，并能够随时间保持其自身的组织力和自主性，并且在胁迫下易于恢复。上述定义强调了维持人力资源生态系统自身进程及其为组织服务的功能。一个健康的人力资源生态系统，不仅能保障其正常的生态服务功能、满足组织功能需要，还具有维持自身的持续向前发展的能力。

人力资源生态系统健康是人力资源生态系统管理的一个新方法，也是人力资源生态系统管理的新目标。人力资源生态系统健康研究的目的，就是揭示人力资源生态系统持续性发展的规律，揭示胁迫下的人力资源生态系统的负荷能力和恢复能力与健康的关系。

三、人力资源生态系统健康评价

（一）人力资源生态系统健康评价的范畴

人力资源生态系统是一个社会—经济—自然复合生态系统，所以必须建立包括社会、经济和人类健康指标在内的指标体系，对大量复杂信息进行综合。健康的人力资源生态系统必须是合乎人性的、经济上可行的、系统可持续发展的，并且能够提供合乎社会和人类需求服务功能的系统。对人力资源生态系统健康的综合评价，一般从以下三个方面入手：生态学范畴、经济范畴、社会伦理范畴。这三个方面综合在一起构成一个完整的评价体系。

1.生态学范畴

生态学对宏观、区域人力资源生态系统健康研究有重要作用。比如，全球人力资源生态系统研究必须考虑男女比例问题、生育问题和人类生存环境恶化等重大问题。对企业人力资源生态系统健康进行分析，性别比例、年龄结构等问题有时候也必须关注，如纺织企业女工过多、矿山企业女工过少等也影响到生态系统健康。

2.经济范畴

社会和经济的发展终究是为了人类自身的发展，经济社会中的组织（如企业）人力资源生态系统必定本身就有重要的经济功能，系统必须有足够的抗干扰和自我恢复能力，以保证其功能的实现，完成其组织系统经济目标。所以，从经济角度评价人力资源生态系统健康具有重要的现实意义。

3.社会伦理范畴

人力资源生态系统的主体是人，人具有社会性和伦理规范。人力资源生态系统必须从社会伦理范畴评价其健康状况。系统首先必须是合乎人伦，有利于人类持续繁衍和发展的。

（二）人力资源生态系统健康评价的思路

人力资源生态系统健康的合理评价需从定性和定量两方面展开；定性研究主要是解决评价健康的初级指标，建立评价指标体系；而定量研究主要是通过数据的收集，从量化角度引进一些评价方法，提出评判标准的次级指标，并通过相应模型的数据处理，判断某个人力资源生态系统的健康状况。

1.人力资源生态系统健康评价指标体系的建立

首先，应该结合定性和定量分析方法建立人力资源生态系统健康评价指标体系。定性分析主要是参照学术界普遍认同的衡量一般生态系统健康的八个标准，分别是生态系统的活力、组织结构、恢复力、生态系统服务功能的维持、管理选择、外部输入减少、对邻近系统的影响及人类健康影响等。在分析人力资源生态系统特征的基础上，采取合理、科学的研究方法，如访谈、问卷等质性研究方法，提出适合于评价人力资源生态系统健康的定性分析标准，建立初级评价指标体系。

其次，需要对这些指标之间的相关关系进行研究。应注意评价模型的有效性和可控性，尽量减小分析量，筛选出能把握人力资源生态系统健康的主要因素；操作过程要特别注意如何科学地量化各指标的权重及减少主观性，从而避免造成最终结果的较大误差。

最后，通过原始变量的线性组合，把多个原始指标减少为有代表意义的少数几个指标，以使原始指标能更集中、更典型地表明研究对象特征。对选定的初级指标体系进行筛选，合并那些带有重复信息的指标，最终形成一套全面的、相互独立的、代表性强的、可测量的指标体系。

2. 人力资源生态系统健康评价模型的构建方法

在人力资源生态系统健康指标评价方法中，引入多元统计的综合评价模型进行统计计算，并得出综合评价值。硬指标通过数据采集得出，而软指标采用德尔菲（Delphi）法、专家访谈法取得。这一方法的优点在于，它用精练的数学模型将"健康"这一抽象指标具体化为数字描述的定量评价或排序。我们拟采用一个对经济系统（行业、若干个或一组样本企业）的评价和排序的通用模型进行评价。

上述人力资源生态系统健康的评价方法需做大量长时间的实地调研研究。虽然生态系统健康评价模型会起到一定的借鉴作用，但具体的人力资源生态系统健康评价模型、研究思路还需进一步修正，为以后我们研究人力资源生态系统健康提供好的思路。

第五章　企业和人力资源生态位

尚玉昌提出，对生态学的研究就是对生态位的研究。近年来，生态位（Niche）理论在生态学界形成了新一轮发展高潮，在研究物种间关系、生物多样性、群落结构及演替、种群进化、生物与环境关系等方面，已取得丰硕成果，并不断向经济管理、社会科学等领域渗透，已成为一个"母概念"，衍生出诸如城市生态位、企业生态位、发展位等诸多生态位概念。

第一节　生态位相关研究

一、生态位概念

生态位概念自20世纪创立以来，在研究种间竞合关系、群落结构、物种的多样性及种群进化中已被广泛应用。生态位的研究始于对物种所占据空间的关注，基本遵循着空间—功能—多维度的演化路径。其中，最具代表性的当推英国生态学家 Charles Elton、美国学者 Crinnellg 和生态学家 Hut Chinson 三人，后人分别称他们所给生态位定义为"功能生态位""生境生态位"和"多维超体积生态位"。

（一）功能生态位

功能生态位观点认为，动物的生态位为动物在生物群落中的位置，以及动物与其食物和天敌的关系。这是由 J.Grinnell 于 1917 年第一次明确提出的生态位定义。他将生态位视为"物种的需求及其在一特定群落中与其他物种关系的地位"。1927 年，Charles Elton 出版了专著《动物生态学》一书。他提出：以某一术语来描述动物在其群落中的地位，以指明它在干什么而不仅仅是看起来像什么，这所要采用的术语就是"生态位"。E.P.Odum 在 1952 年给生态位下定义为：一个生物在群落和生态系统中的位置和状况，而这种位置和状况决定了该生物的形态适应、生理反应和特有行为。我国学者张光明、谢寿昌认为，生态位是一定生态环境里的某种生物在其入侵、定居、繁衍、发展，以至衰退、消亡历程的每个时段上的全部生态学过程中所具有的功能地位。

（二）生境生态位

生境生态位观点认为，生态位是物种的最小分布单元，它的结构和条件能够维持物种的生存。"生态位"一词，最先为 R.H.Johnson 所应用。他提出"同一区域的不同物种占据着环境中的不同生态位"，将生态位视为物种的分布单位。J.Grinnell 继 1917 年第一次提出生态位概念之后，又对这一概念进行了进一步的改进，"仅由物种或亚种占据的最后单位"，强调将生态位概念确定为物种所利用环境的基本元素，即生境的最小划分。

（三）多维超体积生态位

著名生态学家 Hut Chinson 于 1957 年应用集合理论从空间和资源利用等方面考虑，提出了比较现代的生态位概念，认为可以把生态位看成多维空间或者超体积。如果影响一个物种 S_1 的独立变量可以表达为 n 个坐标轴，对于每一个坐标轴，都存在物种 S_1 可以生存和繁殖的极限值，从而在极限值内的坐标轴范围确定了 n 维坐标超体积 Ni，其中的每一点相当于允许物种 S_1 无限期地生长的一个环境状态，则称这一超体积 Ni 为物种 S_1 的基础生态位。但由于竞争和其他作用，物种可能不存在于基础生态位的某些

部分，那么物种存在的这一缩小的超体积称为实现生态位。简而言之，超体积生态位分为基础生态位和实现生态位，前者是没有竞争的原始大小的生态位，而后者是通过竞争实际所拥有的生态位，实现生态位从范围上说可以是基础生态位的一个部分或者全部，这是第一次给生态位以数学的抽象。国内学者王刚等人应用集合概念定义生态位，将生态位定义为从环境状态集合 $A=\{x|x=(x_i, \cdots, x_n)\}$ 到物种 Y 的密度集合的一个映射 $f(x_i, \cdots, x_n)$。

通过对已有概念的分析，我们可以得出这样的结论，作为生物学中的生态位必须具备以下几个要素。（1）功能生态位主要着眼于生物在其所占位置上发挥的作用；生境生态位和超体积生态位则主要着眼于生物生存的范围。当然，生境生态位和超体积生态位之间在范围上也存在着差别：生境生态位是生物能够生存下来的最基本的范围；而超体积生态位则是指生物能够生存的最大范围或者是已经生存的实际范围，与生境生态位相比，超体积生态位的范围相对更大，资源划分的维度也更多。（2）生态位必定产生于一定的时间和空间背景下，体现了该生态位上的物种与其他资源、周围环境和其他物种之间的关系。（3）物种在生态位上具备所需的所有资源，在其生态位上必然发挥一定的功能和作用。

由此，我们在本研究中认同的生态位概念是：在特定时期特定生态系统里，生物物种与环境及其他物种相互作用过程中所形成的相对地位与作用，既包括生物物种的时空位置及其在生态群落中的功能作用，还包括生物物种在环境空间中的位置。

二、生态位测度

生物学家用生态位宽度、生态位重叠、生态位体积、生态位维数和生态位适宜度五个数量指标表征生态位特征。其中，生态位宽度和生态位重叠是描述一个物种的生态位与物种生态位之间关系的重要数量指标，成为生态位理论中最重要的内容。

（一）生态位宽度

生态位宽度（Niche Breadth）又称生态位广度（Niche Width）、生态位大小（Niche Size）。国外生态学家因其对生态位含义的理解不同，给出了不同的生态位宽度内涵：在生态位空间中，沿着某一具体路线通过生态位的一段"距离"；物种利用或趋于利用所有可利用资源状态而减少种内个体相遇的程度；在有限资源的多维空间中为一物种或一群落片段所利用的比例；物种沿资源轴可以持续生存的值域；物种或种群对于生态资源的利用频度等。国内有代表性的生态位宽度定义是：物种在 n 维生态位空间分室上分布与样本在分室的频率分布之间的吻合度（余世孝等人）；种 y 和 n 个生态因子的适应（或利用）范围。

（二）生态位重叠

研究生态位理论的许多生态学家把两个种对一定资源位（Resource State）的共同利用程度视为生态位重叠。Hurlbert 将其定义为两个种在同一资源位上的相遇频率。国内学者王刚等人提出的生态位重叠概念是：两个种在其与生态因子联系上的相似性。

（三）生态位体积和维数

生态位体积表示一个种对其有关生态因子的利用或适应能力。一般说来，竞争常常借助于小生境的利用、所吃食物和活动时间的差异而大大减弱，这样就可把生态位的有效维数减少到三个，即地点、食物和活动时间。维数的增加使每个物种的生态位空间都具有更多的相邻竞争者，因而大大地分散了竞争。

（四）适宜度

生态位适宜度概念的建立是以经典的生态位理论为基础的。适宜度的含义因其应用的对象不同而不同。李文龙等人探讨了生态位适宜度的 FUZZY 定义和测度，并将其应用于植物治沙及生态工程中。李自珍等人对各种生态位定义的内涵进行了分析，认为植物种水分生态位适宜度是现实水资源位与最适水资源位之间的贴近程度，它具体表征植物对其生境水分条件的适宜程度。牛海鹏等人在对各领域适宜度定义总结的基础上提出，耕地可持续利用生态位适宜度反映了区域耕地可持续利用的资源需求与现状资源生态因子之间是否良好匹配的关系。

三、生态位对物种间关系的影响

主态位主要表达了物种在其所处环境中的位置概念。物种之间生态位的关系从理论上可以设想为三种形式：生态位基本上重叠；生态位彼此部分重叠；生态位完全分离。

图 5-1 以食物为例，用资源利用曲线来表示这三种生态位的关系。在这三种状态中，（b）状态是一种比较理想的状态，两者生态位之间只有部分的重叠，这意味着物种之间存在比较适度的竞争；（c）状态中两物种的生态位宽度比较窄，曲线中间的资源仍未被完全利用，造成资源的浪费，而随着该物种不断地增长，存在的闲置资源必然会被充分利用，存在生态释放的空间，即在没有种间竞争的情况下，物种将扩大其现实生态位；（a）状态表明两物种的生态位宽度较宽，而且存在着严重的重叠，这意味着两物种之间存在着激烈的竞争。

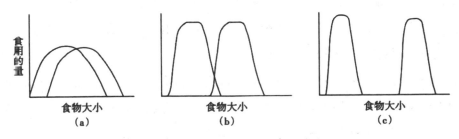

图5-1　资源曲线表示的生态位关系

为了扩展生态位以扩大生存空间，物种必然会通过竞争、互利及协同进化的方式不断扩大自己的生态位区间。这就发展出生态学中的三个重要原理：竞争排斥原理、互利原理和协同进化原理。

（1）竞争排斥。由于竞争的排斥作用，生态位相似的两种生物不能在同一地方永久共存；若它们能够在同一地方生活，其生态位相似必定是有限的，它们在食性、栖息地或活动时间等某些方面有所不同，这就是竞争排斥原理，也称为高斯假说。

竞争不可避免会产生优胜劣汰的结果。亲缘种在同一地方生存，它们可能是通过资源利用的专化，如通过取食位置、取食方式或营养地点等区别来利用不同的资源，即实现性状趋异，以达到缩小生态位、分离生态位，以求得减少生态位重叠、减少竞争并和谐共存的目的。

（2）互利。互利是不同物种个体之间的互惠关系，能够增强合作双方的合适度。根据合作双方是否在一起生存，互利可分为共生互利和非共生互利。如果互利合作双方是通过自然结合方式而共同生存，这种互利称为共生互利。比如，菌根是由真菌丝与高等植物的根构成，真菌帮助植物吸收营养，特别是磷，同时也从植物中获得糖类营养物。

根据双方合作的时间持续性，互利可以分为专利互利和兼利互利。专利互利是指互利双方的合作是永远的，离开合作对方将使一方或双方不能生存。从以上分析可知，生物界存在互利共生现象，其本质就在于生物生态位的功能之间的互补。通过本能的互补，物种在不同程度获利，或者得到保护以防御捕食者和竞争者，或者得以更好地繁殖，或者得到良好的生存环境等。总之，互利使得物种双方得到更好的发展。该原理对企业之间的关系管理具有很好的指导意义。

（3）协同进化。生物生态位的要素之一就是体现物种之间及物种和环境之间的关系，这种关系可以是竞争，可以是互利，也可以是偏害等。许多物种之间的关系是一种相互作用、相互影响的关系，表现在一个物种的性状作为对另一个物种的性状反应而进化，而后一物种的这一性状本身又作为前一物种性状的反应而进化，这种方式的进化称为协同进化。协同进化的研究内容相当广泛，包括种间竞争的协同进化、互利共生协同进化和捕食—猎物协同进化。

四、生态位理论的应用

科普作家大卫·布林尼在其著作《生态学》中指出，生态学家和经济学家研究的往往是同样的课题，如资源的可利用度、供求关系、竞争，以及为了获得某些收益而投入的成本等。生态位是一个既抽象又内涵丰富的生态学名词，它不但渗透到了现代生态学的诸多研究领域，成为生态学的重要基础理论研究内容之一，而且日益广泛地被应用于政治、经济、企业管理、农业技术、建筑设计等领域，促使教育生态位、技术生态位、产业生态位、企业生态位、人力资源生态位等一系列专有名词诞生，成为强有力的理论分析和实践工具。下面主要介绍生态位理论在经济管理研究方面的应用。

M.T.Hannan 等人将生态位的概念导入企业种群的竞争、合作和共生的研究当中，开创了生态位在企业战略和企业管理研究中应用的先例。随着生态位概念的不断拓展，生态位思想、理论和方法已被经济学、社会学、管理学等学科吸纳，其理论含义也在不断拓展。Joel 和 Singh 在此基础上指出企业种群可以视为多个企业生态位在多维资源空间的集合体，认为企业还具有各自更小的微观生态位。Suan 和 Tansen 将自然生态系统原理应用于人类企业活动，研究表明，生态位作为一种在组织分析中具体说明竞争过程和环境相关性的方法非常有效。杨忠直将系统作为有生命的系统，运用生态学、经济学和系统科学等科学原理，构建了企业生态学的基本理论。颜爱民构建了企业生态位评价模型，并进行了实证检验。另外，学者们开始关注企业自身生态位的研究，他们将资源、能力的多维空间概念具体化，着重于企业生态位宽度、密度及重叠度的研究，主要讨论企业对环境的适用性、生态位重叠度与企业淘汰率的相关性等。

生态位理论在人力资源管理研究方面也有学者进行了探索。颜爱民提出人力资源个体生态位概念：特定系统中单个人对环境变量的选择范围，即单个人在对象群体中所能够选择的地位和角色的最大域。应用扎根理论通过质性研究提取了中国企业核心员工生态因子，建立了企业核心员工个体生态位评价模型，并进行了实证研究。

第二节　企业生态位

企业生态位是企业生态系统的基础。企业要生存、要发展，寻找立足之地，必须找到自己的生态位，并在此生态位上建立自己的核心能力；在企业发展到一定阶段，企业仍要进一步发展，就要在企业生态位的基础上管理自己的生态系统。可以说，没有生态位，就谈不上生态系统，而健康的企业生态系统的营造又会巩固并拓展企业的生态位。

一、企业生态位内涵

企业生态位理论的研究始于人们对企业与环境之间关系的关注。早期的研究中，大都指向宏观层面的企业生态位，研究主体是企业种群。Joel、Singh 等学者将企业种群视为多个企业生态位在多维资源空间的集合体。显然，除了企业种群生态位之外，企业还具有各自更小的微观生态位。由此可见，国外关于企业生态位的研究，走的是宏观—微观双层次路线。

对于企业生态位的含义，目前主要存在两种观点。一种以 Hannan 和 Freeman 为代表，认为企业生态位是企业在战略环境中占据的多维资源空间；企业种群形成一个基础生态位，它占据特定资源空间。该种群内的每个企业实际占据基础生态位的一部分或全部，称为实现生态位。另一种以 Baum 和 Singh 为代表，认为企业生态位是企业在资源需求和生产能力方面的特性，是企业与环境互动匹配后所处的状态；单个企业对应有自己的生态位；企业种群是拥有类似生态位的企业集合。这两种观点也可以解释为企业的宏观生态位和微观生态位。

研究表明，生态位作为一种在组织分析中具体说明竞争过程和环境相关性的方法非常有效。生态位的基本原理能很好地适用于企业研究。但是，企业生态位与生态学中的生态位之间具有差异性（见表5-1）。目前，企业生态位的应用集中在对企业生态位宽度、密度及重叠度的研究，主要用以讨论企业对环境的适用性、生态位重叠度与企业淘汰率的相关性等。

表5-1 企业生态位与生物生态位内涵上的差异

生态学中的生态位	企业生态位
研究主体在理论上是物种，在实践中是种群	研究主体是企业个体，也可以是具有很大相似性的某一类企业
研究主体的主动性不强，其个体的主动选择能力明显弱于企业	研究主体是能动的，可根据市场环境做出主动选择
在生态位的形成过程中，自然选择起主导作用	企业生态位的形成主要由市场竞争和企业能动性选择两种力量决定
实体性因子占主导地位，虚体性因子几乎没有	虚体性因子逐渐占主导地位，实体性因子作用相对减弱
生态位相对稳定，时效性长，层次较为复杂，定量可测性较为容易	企业生态位相对不稳定，实效性缩减，层次性更为复杂，难以定量测定
生态位区域一般比较固定	企业生态位区域扩大，且生态环境间明显相互嵌套，上下级生态环境间的紧密性强
生态位由上一代通过基因遗传至下一代，除非生态系统发生颠覆性的变化，否则生态位最大容量基本不变	企业生态位基因可以由企业向下遗传，也可以由潜在子代学习、复制技术发展与产品创新以扩大生态位容量

二、企业生态位宽度、密度与重叠度

(一) 企业生态位宽度

在自然生态系统中，生物的多样性与物种生态位宽度有关。物种生态位宽度指物种所利用的各种环境资源的总和，即环境资源利用的多样化程度。如果实际被利用的资源只占整个资源谱的一小部分，则这个物种的生态位较窄；如果一个物种在一个连续的资源序列上可利用多种多样的资源，则它具有较宽的生态位。企业生态位宽度可以定义为一个企业所利用的各种市场环境资源的总和，即对市场环境资源适应的多样化程度。

类似于生物物种的生态位宽度原理，一个企业的生态位越窄，该企业的市场适应能力越差，对环境的依赖性越强，对原材料的需求和市场供应专业化程度就越大；相反，一个企业的生态位越宽，该企业的市场适应能力越强，对原材料的需求和市场供应专业化程度就越小。窄生态位企业对特定狭窄范围的消费者类型满足能力强，当特定消费者足够多时，其竞争能力将超过宽生态位企业。宽生态位企业以牺牲对特定狭窄范围消费者的强满足能力来换取对大范围消费者的基本满足能力，当市场上消费者不足时，其竞争能力将会优于窄生态位企业。

(二) 企业生态位密度、重叠度与竞争

将生态位密度和重叠度的定义延伸到企业研究领域，考虑到企业的特点，界定企业生态位密度为种群内的企业数量与资源容量的比值；企业生态位重叠度为一个企业占据的生态位与其他企业生态位的重叠程度。我们分别从生态位密度和生态位重叠度两个方面，对生态位与企业生存发展的关系进行探讨。根据高斯原理，在两个生态位的重叠部分都必然会发生竞争排斥现象。

1. 企业生态位密度与竞争

Hannan 和 Freeman 从企业种群生态位的角度提出了密度依赖模型，研

究企业的死亡率与生态位内企业数量的关系。在某些环境条件下，生态位密度的增大与企业的死亡率正相关，意味着企业种群内的生存状态以竞争为主，如同质化程度高的企业，在市场容量不大、竞争状况激烈时，往往出现这种情况；在另外一些环境条件下，生态位密度的增大与企业死亡率呈负相关关系，表明了该企业种群以共生为主，即种群内一个企业的存在会增加其他企业的存活机会，如互补型关联企业集群往往会出现这种现象。

　　针对企业种群内的单个企业而言，它在种群生态位中的地位、所占据的现实生态位宽度，决定其所面临的竞争对手数量和所面临的竞争强度。多元化发展战略格局的企业一般有较大企业生态位宽度，而专业化特征明显的企业的生态位宽度较小。正如战略管理理论所描述的：专业化企业生态位宽度小，对所处环境深度适应，在精、专和细分市场竞争上有明显优势，但对环境的动态适应能力较差；通用型企业生态位宽度大，对所处环境多方面适应好，在通用市场方面有优势，能较好地适应环境的动态变化，抗风险能力较强，但缺乏竞争的精、专特长。

　　2. 企业生态位重叠度与竞争

　　生态位重叠度指两个种群在与生态因子联系上的相似程度。我们研究企业生态位重叠度对其竞争状况的影响。

　　企业间生态位重叠度越高，企业间资源争夺越激烈，竞争强度越大，企业失败率越高；反之，企业间生态位重叠度越低，即企业之间生态因子相似程度小，企业对资源需求的差异化程度大，企业间的资源争夺性削弱，竞争强度降低，企业的共生性特征增强，企业越容易和谐发展，呈现出共生共赢的格局。

三、企业生态位关系与"态势"理论

（一）企业生态位关系

借鉴自然界种群之间的各种相互关系，可把企业间的主要生态关系分为以下几种（见表 5-2）。

表 5-2　企业之间的主要生态关系

关系类型	收益		关系的特点
	对 A	对 B	
竞争	-	-	资源同质性强，争夺激烈
中性	0	0	资源关联性小，彼此影响不大
合作	+	+	生存矛盾小，合作互利
共生	∞	∞	资源互补，彼此依赖，共生共赢

注：+ 表示有利，− 表示有害，0 表示无利也无害，∞ 表示互利。

在以上几种企业生态关系中，以竞争关系最为常见。两个企业的竞争通常发生在两个企业共同需要某一类或几类稀缺资源的情况下。例如，两个企业生产相似的产品，需要相同的原料，争夺共同的客户，此时一个企业的发展在客观上会妨碍另一企业的发展。有时，竞争关系表现得非常明显，如当两个企业生产同种产品时；当两个企业生产替代产品时，竞争就表现得比较微妙和隐蔽。

（二）企业生态位"态势"理论

我国学者朱春全从生态学的角度认为，生态位是生物单元"态"和"势"的相对比较，指出生态位概念包含两个基本属性，即生态位的"态"和生态位的"势"。"态"指生物单元的状态（能量、生物量、个体数量、资源占有量等），是过去生物生长发育及与环境相互作用积累的结果；"势"是生物单元对环境的现实影响力或支配力，如能量和物质变换的速率、占据新环境的能力等。参照生态学中的态势观点，颜爱民将企业生态位的态势界定为：企业生态位的"态"指企业的状态——历史积蓄，是企业过去创建、发展过程中与环境相互作用积累的资源控制及其他无形影响力之和；企业生态位的"势"是指企业对环境的现实和潜在影响能力，它决定企业的未来走向，可等同于企业战略研究中的企业核心竞争力诸指标。企业集群中企业生态位的形成是市场竞争的结果，是企业"态"与"势"转化的结果。集群中企业自身的"态"可以影响其在集群中的"势",两者存在互动关系,而不同企业"态""势"的不同,又决定了其在竞争、合作、共生中的不同地位。

第三节　人力资源生态位

一、人力资源生态位概念界定

参照生态学上的定义,我们将人力资源生态位概念界定为:个体(群体)在特定环境中的具体位置。

这一特定位置主要表达个体的生存能力,此外还包含其他情境因子,如特定环境内的资源掌控程度、功能的发挥限度,以及离开环境的机会成本等。

这一定义更多的是参照了多维超体积生态位的概念,并突出了人类主动掌控性的一面。根据研究对象的范围大小,我们可以将人力资源生态位分为人力资源个体生态位和人力资源群体生态位两种,后者可以视为前者的集合。在本书中,如无特别说明,人力资源生态位就指个体生态位。

(一)个体生态位(Individual Niche)

我们定义个体生态位为:特定系统中单个个体对环境变量的选择范围,即个体在对象群体中所能够选择的地位和角色的最大域。我们用 IN 表示个体生态位,NS 表示人力资源生态系统,并有 IN⊆NS;否则,该个体在该系统中将无法得以存活和发展。个体生态位的研究能够为组织选择合适的人员、人员选择合适的组织提供理论支持。

(二)群体生态位(Group Niche)

我们定义群体生态位为:系统中群体对环境变量的选择范围,即群体在系统中所能够选择的地位和角色的最大域。我们用 GN 表示群体生态位,并有 GN⊆NS，否则，该群体在该系统中将无法得以存活和发展。群体生态位的研究，可以对社会各利益阶层（阶级）的行为特征、生存能力做出合理的评估，也可用于研究企业行为特征和发展规律，为政府制定政策、企业选择发展战略提供理论支持。

二、人力资源生态位层次性

正如生物界的其他物种一样，人力资源生态位也具有明显的层次性。为了便于表达其层次性，我们将同一个体的生态位因子置于同一平面上，该平面内的每一数轴的长度代表该个体各生态位因子的赋值，而它们所构成的平面面积则代表该个体生态位的二维空间状况。

个体生态位划分为 n 个生态因子。外部环境、组织及个人任何一个环节发生变化，都会引起生态位的位移。人所处的层级越高，其所需要的生态位空间范围也就越大，否则无法维持在这一层面上的存在。

第四节　人力资源生态位宽度、重叠

一、人力资源生态位宽度

人力资源生态位宽度是人力资源生态位研究的一个重点。人力资源生态位宽度能很好地反映人力资源生态系统中个体因子的生态适应性和利用资源的能力。从人力资源生态位宽度的角度研究个体人在人力资源生态系统中所利用资源的情况，进一步探讨了个体因子的最大资源利用能力和最佳生存发展环境，有助于深入了解人力资源生态系统中个体的地位和作用，为管理者对人员实施有效的管理、开发人力资源潜力、合理地利用人力资源提供科学依据。

参照自然生态位宽度的定义及人力资源自身的特性，我们将人力资源生态位宽度定义为：在一个人力资源生态系统中，个体因子在特定阶段内有效利用周围各种不同环境资源（信息、技术、客户、人脉等）的能力，以及在该阶段所占有特定资源的多少。这实际是从人力资源生态位的"态"与"势"两个角度对其概念进行的界定。人力资源生态位宽度包括个体因子在特定阶段自身所占有的资源（态）及获得资源的能力（势）。

一般来说，个体因子的生态位宽度值越大，表明该个体对环境资源的可利用程度越高，对环境的适合度就越高，在整个人力资源生态系统中所起的作用就越大，相对其他个体的优势就越明显。个体因子的生态位宽度说明了其在人力资源生态系统中的地位和作用。事实上，由于现有环境资源和个体能力的有限性，人力资源生态位宽度几乎不存在最大和最小的可能。另外，个体因子是不断地发展演替的，个体在不同时期的生态位宽度也会不断地发生变化。因此，个体因子在发展过程中，不仅要选择恰当的生态位，还要根据环境的变化对生态位做出及时、适当的调整和优化，使自己更好地适应整个人力资源生态系统的发展。

二、人力资源生态位重叠

生物生态学的研究表明，两个生物体之间出现生态位重叠现象，就至少有一部分生存空间为两个生态位超体积所共同占有，形成竞争和排斥，称为"竞争排斥原理"。这个原理揭示了每个生物物种在长期的生存竞争中都拥有一个最适合自身生存的生态位。具有相似环境要求的两个物种为了争取有限的食物、空间等环境资源，大多不能长期共存，除非环境改变了竞争的平衡，或是两个物种发生生态位分离，否则两者之间的生存竞争迟早会导致竞争能力差的物种灭亡而被取代。

这一原理同样适用于人力资源生态系统中的个体。在人力资源生态系统中，个体因子之间也存在类似现象，两个在生态位上完全相同的个体因子之间会发生激烈的竞争，其中一个因子会排斥另一个因子。类似两个物种的生态位关系，在饱和的人力资源生态环境中，即竞争足够激烈，不存在生态位完全重叠的情况下，不同个体因子要实现共存，就必须具有某些生态位上的差异。此时，两个个体因子生态位的竞争排斥有以下四种情况，如图5-2至图5-6所示。

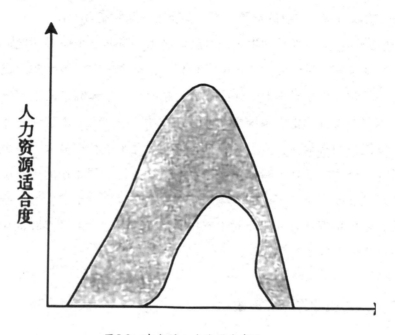

图5-2　内包的人力资源生态位

（1）如果在某个人力资源生态系统中，一个个体因子的理想生态位被完全内包于另一个企业的理想生态位之内，如图 5-2 所示，竞争结果将取决于两者在重叠生态位空间上的竞争能力。重叠的生态位空间最终会被竞争优势个体因子占有。比如，在一个组织内，一个个体的职权和能力较大，其完全承担了另一个个体的工作职责，使得别人没有一丁点儿的权力，职位形同虚设。

（2）如果在某个人力资源生态系统中，两个个体因子的理想生态位部分重叠，如图 5-3 所示，每一个个体都占有一部分无竞争的生态位空间，从而可以实现共存，但重叠部分的生态位空间最终会被具有竞争优势的个体占有。比如，一个组织临时有一项目，需要两个个体竞标，这部分的生态位重叠了，但两者还有各自的原有的工作，即使某一个体没竞争到该项目，两者仍然可以共存。

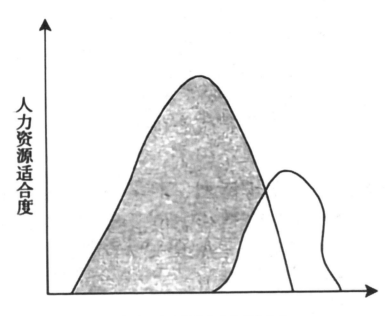

图5-3　人力资源生态位部分重叠

（三）如果在某个人力资源生态系统中，两个个体的理想生态位彼此邻接，如图5-4所示，这意味着比个体生态位的大范围重叠更激烈的潜在竞争，正是由于竞争回避才导致了生态位的邻位。例如，两个市场营销人员要共同开发某一区域市场，后来由于回避激烈的竞争，两者的生态位略有分化，一个定位在中低端消费市场，另一个定位在中高端消费市场，结果两者的生态位彼此邻接。

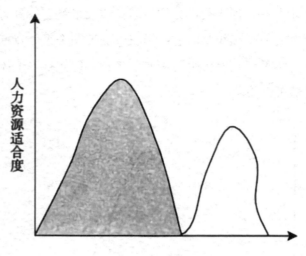

图5-4　人力资源生态位邻接

（4）如果在某个人力资源生态系统中，两个个体的理想生态位完全分开，如图 5-5 所示，就不会有竞争，此时双方可以和平共处而不给对方造成伤害。比如，同一研究机构的两个个体，各自从事不同领域的研究，而且所需的资源也完全不相同，各司其职，互不干扰，这样也可能产生生态位分离。

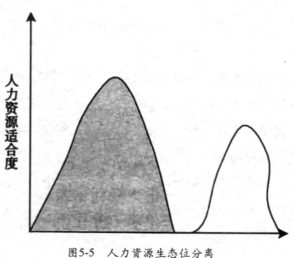

图5-5　人力资源生态位分离

基于人力资源生态位的个体间竞争，是指两个个体为了在相似的时间、空间等人力资源生态环境中，争夺有限的资源（如原材料、客户、职位、信息等）时所发生的相互制约的作用。因此，当两个或两个以上的个体争夺相同资源或共同占有其他环境变量时，就会产生人力资源生态位重叠（见图5-6），在资源稀缺的情况下就可能产生竞争。这样的个体大多不能长期共存，除非人力资源生态环境改变了竞争的平衡，或是发生生态位分离（如其中一个个体选择另外一种资源或职位调动等）。某两个员工对资源的需求越相似，生态位重叠度越高，则他们的竞争会越激烈。高校许多个性很强、能力特质很近的人，能和平相处，主要就是因其研究的专业领域不同。而企业员工和政府公务员，由于资源同质性和职业能力的相似性，生态位重叠情况更多，内部竞争矛盾更激烈。比如，A 和 B 两个员工，他们的历史绩效、职业弹性都十分相似，因此他们的生态位重叠度很高，他们之间存在很激烈的竞争。

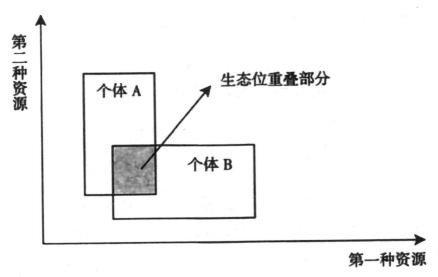

图5-6 两个个体因子的生态位重叠

研究表明，在一个规范的、结构合理的人力资源生态系统中，每个个体都有明确的职责分工，各自都有属于自己的生态位。各个个体因子之间对有限资源的共同占有，即生态位严重重叠现象较少，企业的内部竞争处于合理的强度之内。然而，根据我们多年的人力资源管理经验，目前尤其是国内的各个行业完全规范、结构合理的、理想的人力资源生态系统很少，许多组织都因为人力资源管理水平较差，而形成员工的工作职责不明、权力边界不清、工作流程不规范等问题，由此导致了不必要的人力资源生态位重叠，引起内部纷争，降低组织效率。可见，科学规范的人力资源管理，可有效地降低生态位重叠和内部资源争夺问题。在资源稀缺的情况下，生态位重叠程度越大，每个个体因子所独用的资源空间就越小，个体因子间的竞争越激烈。对此上级领导可采取适当的措施改变这种状态，通过职能划分、职业通道设计等措施，促使个体生态因子的生态位分离，使系统处于健康、稳定的运行状态。如上所述，生态位重叠的研究可有效应用于组织员工权责设计、晋升、激励等人力资源管理实践方面，同理，群体生态位重叠的研究对于团队竞争、群体行为研究都有重要价值。

第五节　人力资源生态位构建

一、生态位构建的内涵

Odling–Smee 和 Laland 等人从进化生态学角度提出了生态位构建这一重要概念，并运用种群双点位基因模型做出了一些重要进化推断。适应性在传统的进化观点中被认为是一个自然选择影响有机体以使它们与预先建立好的环境相适应的过程，而有机体造成的环境变化很少被认为在进化方面具有重要意义。随着进化生态学的发展，越来越多的事实表明传统的进化观点存在片面性。比如，蜘蛛可以通过在其生存环境中织网而改变自然选择压力。

生态位构建是指有机体通过新陈代谢、活动和选择，部分地创建和部分地毁灭自身生态位，改变环境，进而改变其环境中生物与非生物的自然选择源的一种能力。生态位构建会有规律地改变其环境中生物与非生物的自然选择源。因此，生物体在进化中会受到来自环境的某种形式的反作用。人力资源生态系统中的个体因子、群体因子在其所生存的环境中也必然存在自己的生态位，并不断努力构建自己的生态位，以满足系统和环境之需。将生态位构建理论应用到人力资源生态系统中具有重要价值。

二、生态位构建的基本理论

（一）自然选择压力的改变

Jones 等人的研究表明：有机体能够修改它们的环境并且部分地控制其所在生态系统中的部分能量流和物质流。由此可见，有机体不仅能改变其周围的选择环境，还能改变其他有机体环境中的自然选择压力。首先，有机体每一世代的每一个体都以同样的方式重复地改变它们自己的环境，因为每个个体继承了同样的、能引起它们进行类似生态位构建行为的基因，那么它们可能会修改自然选择压力。这种生态位构建对环境的作用结果可以是短暂的，或仅发生在一个世代中，但如果同样的环境改变，强制性地把它的强度放大到足够强且持续足够长的世代数，那么它可以改变局部环境的自然选择源，进而引起一种新的进化动力。其次，一个世代有机体的生态位构建活动的全部结果或部分结果在子代所处的选择性环境中以修改的形式持续存在，即祖先通过外部环境能够遗传给后代修复过的自然选择压力。

（二）非基因继承

传统进化理论认为，只有基因是代代相传的，而排斥物质和文化对进化结果的特殊作用。但 Feldman 等人的研究表明：文化也具有继承特征。有机体通过生态位构建活动所修改的自然选择压力的产物，可以在环境中传递给它们的后代。当每一个世代生态位构建的物理效应在后代环境中没有被全部移除，而是一代接一代部分地或整体地继承，那么这种修改过的自然选择源就得到继承。由此可见，当生态位构建影响到多个世代时，它便在进化中经由环境的作用而引入第二种普遍存在的继承方式——非基因继承。在传统的进化理论中引入生态位构建后，两种继承方式在进化过程中的作用途径及它们如何相互作用，概括起来如图 5-7 所示。图 5-7 右侧描述的是通常意义下的遗传继承，即基因由遗传上相关时刻 t 的父代递给时刻 t+1 的子代；图 5-7 左侧描述的是由生态位构建引起的非基因继承作用，即具有选择性的环境经过父代的生态位构建作用后，自然选择源（E）被部分或全部地改变，并由非基因继承有效地传递给该环境中生存的子代。因此，后代有机体在时刻 t+1 所面临的选择性环境，不仅包含独立的自然选择过程，也受到父代或更多祖先的生态位构建活动所改变了的自然选择源的影响。

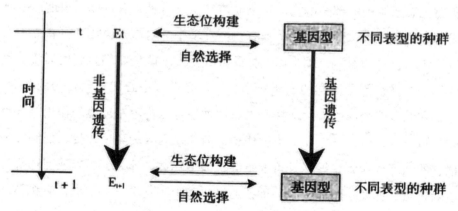

图5-7 引入生态位构建后的继承系统

（三）基因间的相互作用

一种基因型具有不同的表型。表现型可以被其他基因型间接地通过外部环境影响。生态位构建就提供了这样一个途径。例如，火烈鸟粉红色的特性是从它吃的甲壳类动物体内类胡萝卜素的色素沉积引起的，它的捕食选择基因与皮下色素的萃取和利用通过环境中的食物资源相互影响。这种基因之间的作用类似于异位显性，不同的是，生态位构建可以在不同种群甚至不同物种的基因之间进行异位显性。例如，隐藏在蚯蚓改动土壤结构活动之下的基因（这种活动用来增加植物产量），已经改变了影响植物生长的基因表达。因此，个体生态位构建的成果不仅改变了选择环境，也可能影响生长环境中其他物种基因的表型。Laland 等人于 1996 年提出了双位点种群遗传模型，通过数学模型阐述了基因之间的间接作用。

（四）表型的双重角色

传统观点认为，有机体的表型仅是其内部基因型的外在表现。生态位构建理论指出：表型不能被简单地认为是"基因的载体"，它们也参与修改环境中的自然选择源。这些修改过的自然选择源可能会对基因的选择进行反馈。对于人类而言，生态位构建可以依赖文化。例如，当人类通过农业活动无意增加了疟疾的流行时，其镰状细胞等位基因的频率也增加了。由此产生了表型在进化中的另一个作用：表型不但在自然选择的层面上让生物以不同方式生存和繁殖，而且通过生态位构建来修改环境中的选择源。

三、生态位构建理论在行为演化中的应用

传统的进化论认为，自然选择通过遗传基因和环境压力决定人类行为的形成和发展。这种观点弱化了人类对环境反馈的自身基因进化行为。生态位构建理论揭示了人类具有类似其他物种对自身生态位进行修改、构建，并创造和拥有高等文化的能力。Odling-smee 和 Laland 研究指出：文化放大了人类生态位构建引起的进化反馈；人类通过文化的生态位构建建立了可以影响自身适合度的人造环境，使后代生存在前代累积修改的环境选择压力中；人类的生态位构建行为作为影响人类与环境适应的重要因素，与自然选择一道推动着人类的进化。

文化生态位构建（Cultural Niche Construction）是指一个文化生态位上的某种正在进化的文化特性影响另外的基因或者文化特性进化的过程。近

年来，文化生态位构建逐渐成为生态位构建的研究热点。研究表明：如果环境修改性的人类行为和文化持续足够多的子代数以产生一个稳定的选择压力，那么它将对人类的遗传进化产生影响。人类的行为都是为了获得对环境的较高适应度而产生的。当人类行为、文化与环境发生不匹配现象时，人类会优先选择生态位构建方法，采取某些行动来改变环境中的某些资源，使人类获得繁衍发展所必须拥有的相关资源。现代科学技术为这种选择提供了强力支持，生态位构建成为主导行为，而基因进化的作用被减弱。

Laland 等人提出了关于生态位构建的微进化模型——双位点种群遗传模型（Two-locus Population Genetics Model）。该模型已被广泛应用于人类进化分析之中，在优生学等领域取得了重大进展。该模型的研究打破了基因影响进化的唯一性结论，指出生态位构建可以通过文化之间的相互作用而引起行为变化。我们试图将双位点种群遗传模型引入人类行为选择的研究中，通过文化的相互作用分析人类行为变迁过程，从新的视角探讨人类行为进化规律。

通过人类行为进化双点位遗传模型的适合度分析，结果表明：人类行为的进化与文化生态位构建的世代数、生态位构建行为的方向和强度、文化特性的偏好、资源的数量等因素相关。人类文化发展过程越长，改造外部环境的能力和程度就会越强。这种变化使得人类行为进化的生物因素——自然选择和基因进化的效用不断减弱，造成了人类行为进化与当地自然环境的进化选择压力分离；生态位构建作为人类改造环境的一种特殊的行为，成为人类行为进化发展的主驱动力；资源数量及与此相关的文化偏好对人类行为也起到了引导的作用。

四、人力资源生态位构建

（一）人力资源生态位构建的基本内涵

根据自然生态系统生态位的概念和特征，我们认为，人力资源生态位构建是指人力资源生态系统中的个体因子（群体因子）通过新陈代谢、沟通和选择等自身的行为，部分地创建和部分地毁灭自身生态位、改变环境与其他因子，进而改变其环境中生物与非生物的自然选择源的一种能力。人力资源生态位构建包括个体因子生态位构建和群体因子生态位构建两种类型。

我们从两个方面对人力资源生态位构建进行分析：群体生态位是人力资源生态系统群体在战略环境中对多维资源空间的构建；群体因子构建出一个基础生态位，它占据特定资源空间。该种群内的个体因子实际构建或占据了基础生态位的一部分或全部，称为实现生态位。另外，人力资源生态位构建是个体因子和群体因子根据资源需求和生产能力方面的特性进行的适应行为，是人力资源生态系统与环境互动匹配为达到适应状态的行为。

（二）人力资源生态位构建的数学模型

生态位构建强调自然选择的作用。然而在人力资源生态系统中，重视的却是人工选择的作用，而且这种选择与自然选择的进化方向往往是相反的，导致人力资源生态系统物种的生态位构建机制呈现特殊规律。这种人工调控下的生态位构建理论尚是一个新问题。本节选用生态位适宜度测定人力资源生态系统中的因子生态位构建进化惯量，用现实生态位对人力资源生态位构建中心点的偏离度测定进化动量。

人力资源生态位适宜度是指生态主体的现实生态位与其最佳生态位的贴近程度，反映了生态主体对其生境条件的适宜程度。从进化角度来看，人力资源生态位适宜度又是人力资源生态系统进化惯量的一种测度。人力资源生态位适宜度越大，表明生态主体对其生境条件的适宜程度越高，二者结合进化惯量亦越大；反之则越低。

第六章　企业人力资源管理角色发展研究

第一节　人力资源管理角色的内涵

一、人力资源管理角色的基本概念

社会学领域中的角色主要是对个体而言。但在组织管理研究中，"角色"一词的外延得到了拓展，不仅可以用来指微观层面上的个人，如管理者角色、企业家角色等，也被广泛运用到中观层面和宏观层面，如人力资源管理部门的角色、业务部门的人力资源管理角色或跨国公司子公司的角色等。从本质上讲，人力资源管理角色是对角色概念的应用与延伸，是在管理学、经济学等不同学科领域下人们对人力资源管理职能价值的思考。

人力资源管理角色研究萌芽于 20 世纪 70 年代，在 80 年代得到发展，在 90 年代则实现了战略性转变，并成为 21 世纪战略性人力资源管理研究的一个重要主题。作为一个新的研究领域，人力资源管理角色概念的内涵和外延还没有得到充分认识。不少学者将人力资源管理角色、人力资源部门角色、人力资源管理专业人员角色、人力资源管理职能角色等术语交替使用，造成了概念之间的混乱，间接阻碍了人们对人力资源角色问题的探讨。

造成这一现象部分缘于人力资源管理学科缺乏自有理论，在阐述相关问题时只能借助于心理学、社会学、产业关系学、经济学和战略管理学等其他学科的理论概念，导致研究基础存在缺陷。基于此，厘清不同术语之间的差异对于深化人力资源管理角色研究具有重要意义。

韦伯（Weber）是较早论述人力资源管理角色的学者之一。在论及官僚组织结构典型特征时，韦伯对组织内部人力资源管理专业人员的"权利"进行了探讨。他认为组织之所以任命专门的人力资源管理者来承担诸如人员任命、员工指导、富余人员安置等任务，原则上是基于他们具备的经验和资格，这使他们能够胜任"工作描述"所要求完成的任务。人力资源管理者正是通过在管理层级中的正式角色完成其组织任务的。

韦伯的研究开启了人们对人力资源管理角色的探索之路，也为后续研究提供了分析逻辑。一方面，分析人力资源管理的职能角色需要重点考量组织层面的特征，如组织结构形态、管理层级状况、工作任务特点和职责等。这些组织变量都将成为限制或促进人力资源管理职能角色的关键要素。另一方面，分析人力资源管理者的角色则需要从个体层面进行，剖析人力资源管理人员的经验、能力、素质和价值观等人口变量特征对其角色扮演效果的影响。当然，人力资源管理的职能角色与人力资源管理者的角色并不能被完全割裂，而是存在相互依存的内在关系。可以说，前者决定了后者的基本形式，而后者反映了前者的内在特征。

韦伯对人力资源管理角色进行的开创性研究还充分体现了人力资源管理角色的多重性特征（人力资源管理角色并不是单一的，而是由不同具体的子角色构成的角色系统），也在一定程度上吻合了结构主义角色理论隐含的"功能决定角色"的基本观点。但从严格意义上讲，韦伯的论述主要是刻画了人力资源管理角色的本质特征，而没有从术语表述的方式对人力资源管理角色概念给予界定。

进入20世纪80年代之后，人力资源管理开始出现分权化趋势，由业务部门承担常规性人力资源管理事务的现象日益普遍。业务管理者与人力资源管理者如何分配"人力资源管理角色"导致人力资源管理者面临新的角色困境，即人力资源管理者如何才能体现人力资源管理职能的价值？人力资源管理人员应当如何协调或配合业务部门完成人力资源管理任务……这些问题的出现丰富了人们对人力资源管理角色研究的认识，并逐渐形成战略性人力资源管理研究的一个领域。

当涉及单一（一个）组织的人力资源管理功能角色时，通常是指承担这一功能的人员在日常工作总体层面上的活动，以及对任职于组织结构内这一特定职位的人员的行为模式的期望。卡特里娜（Katrina）强调通过分析人力资源管理者日常的工作（活动）、经历和关系结构来界定人力资源管理角色。在前人观点基础上，高中华等人将人力资源管理角色概念总结为人们对人力资源部门及人员赋予的一种期望，主要研究目的是揭示人力资源部门以及人员在协助组织实现战略目标、创造价值，并实现自己部门价值的过程中所遵循的行为模式、发挥的作用以及作用机制。

笔者认为，人力资源管理角色是一个跨层面的概念（个体层面、群体层面、组织层面），又因研究对象（人力资源管理者、业务管理者、人力资源管理部门）和研究主题（角色冲突、角色模糊、角色转变等）不同而存在内涵和外延上的差异。

一般而言，人力资源管理角色的内涵主要包括两层含义：第一，它代指人力资源管理的功能性角色，反映了由人力资源管理职能承担的任务内容，以及由此体现出的人力资源管理职能在组织中的地位、关系和作用；第二，它代指人力资源管理者的角色，反映了从事相关人力资源管理职能活动的个人（既可以是人力资源管理专业人员，也可以是公司内部的业务管理者，还可以是组织之外第三方服务机构的工作人员）在具体工作中表现出的一套行为模式。第一层内涵主要概括了人力资源管理部门的基本理念；第二层内涵则主要反映了人力资源管理者的行为特征。

鉴于人力资源管理职能角色与人力资源管理者角色并不能被完全割裂，本书并不刻意区分两者在内涵上的差异，而统一采用"人力资源管理角色"

这一术语进行表述，但在具体研究中将主要针对人力资源管理的职能角色展开探讨，即立足于组织层面，探讨人力资源管职能的角色结构特征，剖析人力资源管理职能角色的演化过程与形成机理，并探讨我国企业人力资源管理角色的发展现状。

基于上述分析，本书将人力资源管理角色概念表述为：在组织战略目标实现与价值创造过程中，由企业人力资源管理部门或人力资源管理人员遵循的行为规范、社会期望和组织地位，以及由此发挥的具体作用。在具体的组织情景下，人力资源管理角色既可能体现为人力资源管理专业人员的角色，也可能体现为业务管理者的人力资源管理角色，还可能泛指人力资源管理职能的角色。

二、人力资源管理角色发展的基本概念

（一）企业人力资源管理角色发展的内涵

"角色"一词主要是社会学中提出的，并由其下定义，简单来说，角色即特定模式，只是这种模式具有一致性、规范性，"角色"不是简单、虚幻的内容，其中包含着人们对具有特定身份人的行为期望，这个期望是构成社会群体和组织的重要基础。

人力资源管理角色是对社会概念的一种延伸、发展，将其与角色的定义进行合并，即为人们对企业人力资源管理部门和人员的期望。这个期望也可以看作人力资源管理发展的目标。在企业的发展中，人力资源管理部门是极为重要的，研究其在企业发展中的角色变化，其目的主要是分析企业内部人力资源管理的职能，在具体的人员调动上，体现对企业人员的组织职能。人力资源管理在一定程度上影响着企业的战略目标的形成，战略目标的具体实施是在人力资源管理角色转变中实现的。

对人力资源管理角色进行研究，主要是为了明确人力资源管理的位置。角色研究内容主要包括角色形成、角色转换和角色演化等。研究角色的发

展过程，深入分析角色的定位，细化角色，能够全面考虑企业发展的路径和主线，并在研究中创新、转变多种形态。人力资源管理角色处在动态变化的过程中，在不同的经济条件下，角色细节会有较大的不同，在企业中也会发挥不同的作用。

（二）企业人力资源管理角色发展的内容

人力资源角色发展，是指在经济全球化的大背景下企业人力资源者在发展中对进行新的角色定位研究的内容。不同的经济环境下，人力资源角色发展情况不同，了解人力资源管理角色的发展情况，有利于提高企业对人力资源管理的认知水平，能够明确定位，制定合适的管理制度、手段，同时也能够提高人力资源管理工作质量和水平。对于人力资源管理角色的发展变化，可以将其看作研究企业职位变化的关键线索。企业中"人"的角色的变化也是职位变化的反映，企业中职能角色变化不是静态的。在很多企业中，人力资源管理角色处在暂时性的地位上，在一定程度上受到确定性角色期望的影响，暂时性变化还会因为人力资源管理部门的需求、个人角色的期望以及某些利益条件的变化而变化。

企业要想促进人力资源管理水平的提高，推动角色发展，可以按照人力资源发展变化的机制从不同的角度观察影响人力资源角色发展的因素，以此提高人力资源管理决策的准确性。

第二节　人力资源管理角色研究的理论依托

兴起于 20 世纪 70 年代的人力资源管理角色研究在经历了 80 年代发展期、90 年代快速成长期后，进入了 21 世纪的多元化繁荣期。由于这一研究现象的复杂性与调查内容的多样性，导致研究者无法采用单一理论框架来解释所有问题，既有研究呈现出纷繁复杂的景象。布兰德（Brand）和波希勒（Pohler）总结了研究中最常见的几种理论基础，分别是新制度主义理论、战略选择理论、谈判演化理论和共同演化理论。

一、人力资源管理角色研究的理论基础

（一）新制度主义

进入 21 世纪，商业环境变化、科学技术发展、组织结构形式变革使任何组织都无法保持一成不变的状态，对环境变化做出快速回应成为企业生存与发展首先需要面对的问题，也成为促使人力资源管理职能不断调整和发展的重要原因。借助新制度主义理论的观点，早期的研究者分析了制度环境对人力资源管理职能角色的不同影响。

迪马乔（DiMaggio）和鲍威尔（Powell）提出的新制度主义理论是研究人力资源管理角色转变的重要理论来源。在新制度主义的一般框架中，为了生存和获得合法性，组织受到强制性、模仿性和规范性压力的影响而对某些行为、流程持共享性期望与认识，并最终表现为组织形式上的同型异构。对此，雅各比（Jacoby）、詹宁斯（Jennings）等分析了劳动力市场强度、法律法规和工会、组织集中度等因素对人力资源管理角色转变带来的影响。

也有一些学者从"合法性"需求的视角出发，分析了制度因素对人力资源管理角色选择的作用。在这一流派的研究者看来，为了表现出对某些社会共享价值观和信仰的忠诚，组织在其内部人力资源职能结构设置与管理模式选择等方面会有意进行"模仿性同构"，以此获得组织的合法性地位。

相关研究发现，美国的公共管理部门一般比较强调成本责任，并普遍倾向于雇用有资质的专业人员和为组织配置高端的信息技术。但这些举措的实施并不是希望为组织带来生产效率上的提升，而是组织管理者希望借此向其利益相关者或其他组织传递信息，即组织正在向战略化阶段转变，以此让其他组织认同其合法性特征。

当然，研究者还发现制度因素也会通过组织内因间接影响到人力资源管理角色转变的方向和进程。例如，组织内外的专业人员会通过培训或系统性评估等方式影响管理者的决策假设，从而迫使组织服从于专业领域内盛行的某些制度安排。雷尼（Rainnie）的一项实证分析指出，采购组织在人力资源管理方面的决策方式及管理模式直接影响了供应商组织的雇佣方式及其结果。

（二）战略选择和谈判演化理论

与新制度主义理论的解释不同，相当一部分研究者主张从企业内部因素来分析影响人力资源管理职能角色转变的机制。这一导向促使研究者开始采用战略选择和谈判演化理论作为分析人力资源管理角色问题的基础。这两个理论都认为人力资源管理角色是策略选择的产物；只是前者更强调组织战略对人力资源管理角色形成与发展的影响；而后者更关注于人力资源管理部门及其管理者在进行角色选择时的一些策略行为。比如，人力资源管理部门会通过象征性行动与政治策略的方式来增强其在组织中的权威和可信度，进而对业务管理者在人力资源管理角色上的感知带来影响。

20世纪30年代中后期，国内外市场管制的减少、竞争的加剧和生产效率的压力迫使雇主将更多的注意力放在了员工身上，并寄希望于以此实现对产品质量和服务需求的满足。同时，由于组织层级削减、结构重组、裁员和对竞争优势的不断关注，企业战略管理方式发生了很大的转变。在不同战略模式下，人力资源管理职能配置方式（集权或分权）也经历了阶段性的发展变化，并推动了人力资源管理从传统角色向战略性角色发生改变。

在集权式人力资源管理模式下——设立单独的人事管理职位和任命专门的人力资源管理人员来承担员工管理任务是组织的典型特征之一。这一特征模式潜在地削弱了职能管理者的功能性角色，却为人力资源管理者提升其组织地位提供了机会。

米尔沃德（Millward）等人的研究显示，随着组织在员工关系管理上的改革，人事管理实践者在组织中的地位和身份有了稳定的提高，并成为行政事务和员工关系的管理者。然而，随着竞争环境的激烈变化，集权式的人力资源管理模式表现出在回应环境需求方面的缓慢和无效。

20 世纪 80 年代后期，在欧美一些企业中将人力资源管理事务向业务管理者授权的新现象引发了众多争论，人们纷纷探讨分权化人力资源管理模式对人力资源管理职能及其专业人员所带来的影响。雅各布（Jacob）的一项针对欧洲十国企业的研究发现，1985 ~ 1990 年，约 58.7% 的欧洲企业开始将人力资源管理职能向职能管理者下放；而到了 1990 ~ 1995 年，这一比例上升到了 66.7%。丹麦和瑞士被认为是分权化最彻底的两个国家。这两个国家的企业多数已经将招聘甄选、薪酬管理、培训开发、员工关系管理、健康与保健、人力资源规划这六项职能下放到了职能管理部门。

几乎同一时期，布鲁斯特（Brewster）等人也对欧洲各国人力资源管理模式及其角色关系展开了讨论。他们发现雇员在 200 人以上的欧洲企业倾向于采取集中制定人力资源管理政策，而由职能部门与人力资源管理专业人员共同承担人力资源管理事务这一方式。但在这一管理模式下欧洲各国人力资源管理者在组织中扮演的角色却略有差异。比如，法国人力资源管理人员主要扮演顾问角色；西班牙人力资源管理人员从事的仍然是一般性事务，其管理角色的层次偏低。尽管针对人力资源管理职能配置方式（集权或分权）与人力资源管理角色关系的结论并不统一，但相关研究还是显示出分权化人力资源管理模式对人力资源管理职能角色转变的推动作用。

研究者普遍认为，分权方式一方面使组织开始减少人力资源专业人员的配备数量，另一方面并未降低对人力资源管理职能的要求。现实的矛盾不仅促使人力资源管理职能开始寻求新的转变，同时也使职能管理者在人力资源管理事务方面的能力培养成为被关注的焦点。

由此可见，伴随人力资源管理职能下移而产生的职能管理者的人力资源管理能力不仅成为影响人力资源管理者角色转变的重要因素，也成为人力资源管理能否实现角色转变的关键条件。

从一定意义上看，战略选择与谈判演化理论主要运用于解释人力资源管理角色转变的机理和过程，是对新制度主义理论分析框架下研究人力资源管理角色类型做出的有益补充。这两个理论都强调了人力资源管理的策略选择与组织宏观层面约束间的交互演化过程及结果。

（三）资源基础观和组织动态能力理论

西方学者在战略管理与产业组织经济学基础上构建的资源基础观也是分析人力资源管理角色问题的主要理论来源。

受彭罗斯（Penrose）等人企业核心优势来源思想的启发，沃纳菲尔特（B.Wemerfelt）首次系统阐述了企业资源基础观。随后，普拉哈拉德（Prahalad）将之发展为新的战略分析框架。尽管自诞生之日起资源基础观就饱受语义问题的诟病，却并不影响研究者对它倾注的热情，特别是随着它在各管理分支学科的运用，越发显示出其理论生命力。

此后，在实践研究层面上，卡佩利（Cappelli）运用资源基础观从三个方面解释了人力资源在组织战略制定与实施中的特殊意义。威尔逊（Wilson）通过分析人力资源管理系统在四种组织胜任力形成过程中的作用，探讨了在构建组织竞争优势中人力资源管理系统的不同角色。而借助于资源基础观，巴尼（Barney）和赖特（Wright）从价值性、稀缺性、模仿性和组织四个维度构建了著名的分析人力资源管理角色特征的 VRIO 框架模型。此后，多数学者沿用了将资源基础观作为分析人力资源管理角色的逻辑范式。

但是资源基础观无法合理解释企业在竞争优势发展过程中的动态性和复杂性，后续研究者加快了理论创新的步伐。1994 年，蒂斯（Teece）和皮萨诺（Pisano）首次提出了动态能力概念，随后以追求迅速进行资源整合来获得动态环境下企业竞争优势的动态能力理论发展起来。动态能力理论强调将能力与资源有效区分——能力是组织在使用资源，尤其是整合、重构、获取和放弃资源的过程中具备的对复杂市场环境的适应性。这成为人们重新评价企业竞争优势来源的新标准。这一新标准的提出为研究者阐述人力资源管理的战略性角色注入了新的思想。比如，图尔（Toole）分析了在组织边界与界面管理中，人力资源开发通过扮演四种角色（领导胜任力的开发者、战略与结构的塑造者、提供便利和创造的干预者、跨界管理者）对知识数据库与知识交换网络做出的贡献。

从理论层面看，资源基础观与组织动态能力理论为揭示人力资源管理职能角色提供了新来源，而此后在实践层面上的研究成果进一步丰富了人们对上述理论的理解，巩固了人们对人力资源管理新角色的认同。

（四）共同演化理论

不同于从单一层面因素分析人力资源管理角色问题，共同演化框架强调从不同层面因素（宏观、中观和微观）出发，整合性地分析各种因素之间的交互作用，及其对人力资源管理角色形成与发展带来的影响。共同演化理论体现了整体分析视角的特征，是一种权变思想。在具体的分析过程中，因研究者选择的变量不同及研究路径的不同，基于共同演化理论的研究成果呈现出高度的离散性。

共同演化理论的主要贡献在于，它克服了从单一视角分析人力资源管理角色问题可能存在的弊端，能够更加全面地看待人力资源管理角色的差异性和共同性，也能对人力资源管理角色转变的偶然性与必然性做出更合理的解释。

二、人力资源管理角色类别的相关研究

在人力资源管理角色研究问题中，针对人力资源管理角色类别的分析较为充分。研究者主要采用静态研究范式，围绕人力资源管理部门及管理者在组织价值创造与目标完成过程中扮演了哪些基本角色展开了讨论，并分析了不同角色形式的一般效果。

20世纪70年代初期，一些学者注意到，与其他组织职能相比，人力资源管理在组织价值创造中的贡献遭到企业管理人员的广泛质疑，组织中人力资源管理人员地位尴尬、角色模糊以及权力困扰等问题普遍存在，人力

资源管理遭遇前所未有的信任危机。为了寻求对这一现象的合理解释，研究者开始针对人力资源管理角色的类别进行探讨。

许多评论者建议按照人力资源管理工作的本质以及组织职能间的关系来对人力资源管理角色进行分类。然而迄今为止，人们仍然对这一问题无法达成普遍共识。尽管如此，回顾人力资源管理角色类别的探索历程，一条清晰的逻辑主线始终贯穿其中，即人力资源管理角色类别的界定与人力资源管理职能的转型升级存在紧密的关系。当然，这一逻辑主线下研究结论在具体角色的概念化与内涵解释上也呈现出高度多元化特征。

学者图西（Tusi）首先从多重利益相关者视角阐述了从人事管理阶段向人力资源管理阶段转变的趋势下，人力资源管理人员应该扮演的新角色。图西把这些角色命名为：各级客户（高层、直线经理、员工）需求的满足者、为相关群体提供传统服务的行政者以及顾问角色。

与图西的研究几乎同步，泰森（Tyson）和费尔（Fell）以智力程度的高低为维度，提出了人力资源管理角色连续体模型，泰森和费尔认为，组织人力资源管理的角色可以通过一条自左向右的连续体来表示。连续体的最左端是"雇员"角色，它反映了在工作中人力资源管理人员运用智力的程度最低。而代表最高智力程度的则是处于连续体最右端的"建筑师"角色，"契约管理者"角色位于"雇员"和"建筑师"角色之间。而对于智力程度高低的衡量，泰森和费尔认为主要取决于高层管理决策方式、人力资源活动的计划范畴、人力资源专员的专业程度及人力资源人员参与组织文化创建的卷入程度这四个参数。相比于图西的研究，泰森和费尔的理论模型不仅刻画了人力资源管理角色的不同类型，而且具体分析了影响人力资源管理角色的相关因素。尽管这一角色分类方法随着时代发展而出现了若干问题，但仍然经受住了时间的考验。

20世纪80年代后期，受战略管理思想由外生论向内生论转变的影响，大多数研究者开始从组织战略管理过程视角剖析人力资源管理角色类别。霍尔德（Holder）提出了帮助组织界定战略需求和满足战略需求，成为组织

"战略伙伴"的观点；并认为战略伙伴角色是人力资源管理者在新环境下的关键角色。

韦利（Wiley）阐述了人力资源管理角色在战略层面、法律层面和运营层面的不同表现。在战略层面上，人力资源管理者主要承担顾问、评价者、诊断者、变革代理者、战略促进者、业务伙伴、成本管理者等角色；法律层面上的角色则表现为顾问、审计师、法律推动者、调解人；在运营层面，需要成为顾问、变革代理者、消防员、员工支持者以及政策制定者。

舒勒则分析了在技术变革加速等背景下越来越多的组织将人力资源管理职能向直线部门转移的普遍趋势，以及人力资源管理者面临重新定位自身角色以避免被消亡的迫切性。他认为，人力资源管理人员需要从"专业的个人贡献者"向"人力资源问题的领导者"转变，并力争成为"管理团队的参与者"。为此，人力资源管理者需要扮演业务人员、变革塑造者、组织咨询师/职能部门伙伴、战略规划师、人才管理者、资产管理者以及成本控制者等具体角色。同时，舒勒还对人力资源管理者在平衡新、旧角色时可能出现的角色冲突等问题进行了探讨，他认为能否处理好传统角色与新角色间的平衡将是角色转换的一个关键。

舒勒等人开创性地将人力资源管理从服务型角色向战略伙伴角色推进了一步，拓展了人力资源管理角色内涵的广度，但就其研究深度而言，基本上还是停留在将人力资源管理与组织战略简单衔接，并未从理论高度对人力资源管理战略角色内涵进行系统的挖掘。研究突破出现在 20 世纪 90 年代，部分学者从资源基础观与组织动态能力管理理论获得了探讨人力资源管理战略角色的理论依据，并明确将参与组织战略决策制定、推动战略实施与参与组织变革等作为人力资源管理"战略性伙伴"角色的根本特征。

第三节　企业人力资源管理角色发展的策略

在经济全球化的大背景下，世界经济竞争日益激烈，在经济竞争中，知识与人才竞争成为现代经济竞争的重中之重，也可以说经济竞争的本质属性就是知识与人才的竞争，企业要想实现发展，就要提高企业的经济竞争实力，经济实力的提升离不开"人才"，企业中人力资源管理则为企业的发展输送高素质、全方面发展的人才。企业的人力资源管理主要是对企业内外的人力资源进行合理的配置、管理，保证各个部门的人力需求，满足企业经济发展的需求。在进行人力资源的运用上，应该坚持"以人为本"的原则，重视企业人才的作用，根据企业经济的发展形势促进人力资源管理观念的转变，促进企业的人力资源管理。

一、多视角下的人力资源管理角色发展动因

（一）被动接受视角下的人力资源管理角色发展动因

被动接受视角一般认为人力资源管理角色变化是对外界环境变化的被动接受。人力资源在特定的时期会呈现出短暂性的角色稳定状态，呈现出共同的角色特征。但这种稳定性不是恒定的，在纵向时间内，就会发生差异化。在角色纵向发展过程中，人力资源管理职能发生转变，逐渐由行政管理向战略合作的角色转变，这是当今经济世界的外部综合因素的影响。人力资源管理角色发展主要受到以下因素的影响：

1. 技术特征的影响

外部世界的技术＝生产技术＋管理技术＋信息技术，其中外部世界技术是随着自变量而发生变化的，只有生产、管理、信息技术提高，外部技

术水平才会提高。

其中，信息技术的应用对人力资源管理角色变化起着重要的作用，会直接影响企业人力资源角色的形成、演进，能够对市场人力资源的信息和流动情况进行控制，能够控制人力资源的结构位置，促使企业管理者能够获得充分的人力资源信息。随着经济全球化的发展，知识经济的地位不断提高，促进企业的竞争。企业要想实现发展，就要重视推进日常管理工作的发展进程，在企业发展中掌握知识管理的主动权，从而掌握经济人才，在市场经济竞争中占据主导地位。但是，信息技术的应用也会受到一些因素的影响，在一定的条件下，信息技术的使用会受到技术系统以及技术使用员工的感知差异的影响，由此在人力资源管理角色的定位上，企业家应该根据组织技术环境的特征不断调整。

2.产业关系体系

产业结构关系是平衡治理代理人、雇主和雇员关系的重要方式，产业结构在现代企业的发展中，对于人力资源管理角色发展有重要的影响。产业关系的影响主要体现在制度约束上，在一定程度上会阻碍人力资源管理实践活动的进行，在制约的过程中，都是由企业工会组织来实现的。在市场经济关系发展、变化中，工会组织的工作效率高，企业的人力资源管理作用将会显著降低。

3.劳动力市场结构

根据研究可知，劳动力市场结构（价值观差异）影响人力资源管理结构的组成以及质量。在市场经济中，一旦出现新生劳动力，就会对企业的人力资源管理角色产生冲击，促使结构发生变化，同时市场雇佣模式的改变也会促使企业的人力资源管理职能发生变化。

（二）主动选择视角下的人力资源管理角色发展动因

主动视角下的人力资源管理的角色发展动因分别是组织战略和组织权力。企业的组织能动性对企业人力资源管理的角色发展具有推进作用，其中组织战略是极为重要的，企业要想发展，制定合适的组织战略，才能够提高企业在市场上的竞争力。一般来说，企业的组织战略包括独立性战略、防御性战略以及依赖性战略等多种方式，企业在市场经济中如何制定合适的战略是当前企业在发展过程中必须要思考的关键问题，同时企业的人力资源管理角色的发展变化也在一定程度上受到组织战略的影响。企业制定合适、科学的组织战略就是极为重要的，企业一旦出现战略选择性失误，就会对人力资源管理角色发展造成负面影响。

组织权力的影响主要体现在企业人力资源管理的行为以及政治策略等多方面，企业组织权力越大，企业的人力资源的管理层的权力就越大，越有利于信息传递和接收，信息传递、接收的过程会对相关人员的利益价值进行判断，企业能够根据相关评价准则来对人力资源管理的角色价值进行评价。由此看来，企业站在主动选择的视角上，加强组织权力以及组织战略的建设是很有必要的。对组织障碍以及权力的准确性进行研究，可以促进人力资源管理角色的健康发展，由此提高战略的准确性。

(三) 共同演化视角下的人力资源管理角色发展动因

在共同演化视角下，主要是从全面的角度对人力资源管理角色的发展进行阐述，将角色变化、发展的动态过程表现出来。

1. 环境不确定性的影响

环境不确定导致企业的人力资源管理的角色呈现出暂时性的特点，随着市场经济的变化，人力资源管理结构也会发生变化。在企业发展的过程中，人力资源管理的职能逐渐从机械式向有机式转变，由集权向分权模式转变，由一体化向业务外包模式转变。企业的人力资源管理角色出现变化，企业的业务、人力资源管理者的角色也会重新分配，在企业发展的过程中，市场变量也会影响业务管理者的管理能力。企业要想实现发展，既要提高业务管理者的综合素质，也要确立明确的企业发展组织要求。

2. 组织文化的影响

要想明确企业的人力资源管理角色变化，就要对企业的组织文化进行了解。企业的组织文化受到人力资源管理能力、氛围影响，其中人力资源管理部门的社会资本影响人力资源管理职能构型，进而将对人力资源管理角色发展产生影响。组织价值结构直接影响人力资源管理职能构型设计，组织文化影响人力资源管理角色发展，如人力资源管理者与业务管理者之间的关系以及人力资源管理部门在组织网络中的地位等是潜在地影响员工对人力资源管理变革接受程度的重要因素。组织文化关系的改变将导致角色发生变化，高层管理人员的支持和开展人力资源管理工作的氛围对角色定位和调整有着重大影响，因此企业应该做好组织文化建设工作。

二、人力资源管理角色的转换

当前，人力资源管理已成为管理的核心内容，其角色发生了重要转变。在全球逐渐走入知识经济新时代的背景下，旧有的人力资源管理模式和定位已经无法处理现今面对的挑战和快速复杂的变化。既然"人才"成为企业最主要的竞争差异因素，人力资源管理就不应该停留于过去执行人事行政事务的配角上，而是应该顺应新时代、新使命的需求，转型成为企业管理的主流，协助高层主管妥善管理企业的人才，并发挥其最大的效益。

（一）**人力资源版图的改变**

由于新经济时代企业经营大环境的改变，人力资源管理的版图也相应地跟着有所改变。人力资源管理部门应该是被定位为一个服务及咨询的部门，为企业各个职能部门提供人员信息、绩效评估标准、组织和实施培训等，其主要的改变如下：

1. 服务对象的改变

现代人力资源管理的服务对象由个别的员工及其福利变成企业主管、各级组织单位的主管以及企业的股东。

2. 工作重点的改变

工作重点由传统的强调人事政策的制定、执行以及福利措施的行政管理，变成强调、协助企业面对众多具体业务挑战的绩效管理工具，组织效益及发展的咨询。

3.达成目标的改变

在达成目标上，由传统的强调内部控制、内部平衡以及稳定的工作环境，改变成为强调提供量身定制的不同解决方案、强化组织效能。只有在清楚认识以上这些转变的基础上，才能有效地掌握人力资源管理的新趋势，积极主动地改变和调整人力资源的角色，在协助企业面对新时代的挑战上，扮演积极有效的角色，为企业创造有效的附加价值，赢得最大的经济效益。

（二）人力资源的角色转型

我们在对我国人力资源管理进行研究的过程中发现，要提高人力资源管理的战略地位，实现人力资源管理与企业经营管理的全面对接，人力资源管理必须在企业中扮演战略伙伴、专家顾问、员工服务者和变革推动者四种角色。

人力资源管理通过这样的角色定位，必然能够有效地支撑企业的核心能力，帮助企业在激烈的竞争中获得竞争优势。这样的转变是知易而行难的，首先就要改变人力资源同仁们的心态，然后要认真地构建这些新的能力和格局，同时也需要努力与其他企业主管沟通协调。这是一条艰巨但是必经的道路，只有认真执行，才会有所作为，才能协助企业从容面对当今这种大范围并且十分复杂激烈的竞争。

第七章　人力资源管理与企业核心竞争力

第一节　企业核心竞争力的内涵及理论框架

一、企业核心竞争力的内涵

1990 年 6 月，美国学者普拉哈拉德（C.K.Prahalad）和英国学者哈默尔（G.Hamel）在《哈佛商业评论》上发表了《公司的核心竞争力》（*The Core Competence of Corporation*）一文。这是"核心竞争力"这一概念的首次亮相。文章一发表，立即引起了学界的高度重视，不久即得到企业界的广泛呼应，于是，"核心竞争力"一词风靡全球。他们认为，核心竞争力是组织中的积累性学识，特别是如何协调不同的生产技能和整合多种技术流派的学识。但是，普拉哈拉德和哈默尔并没有十分清晰地定义核心竞争力，只是给出了一个描述性概念。虽然有众多学者在此后进行了大量的研究工作，试图进一步清晰、明确核心竞争力的内涵，但竞争力、资源、能力的定义仍然含混不清。关于核心竞争力的研究，还没有形成一套完整的理论框架，甚至直到现在，还没有形成一个被普遍接受的概念。国内外学者从不同角度对核心竞争力进行了研究，归纳起来，主要有以下几种观点：

第一，资源观。以温纳菲尔德（Winnafield）、潘罗斯（Penrose）和李悠诚为主要代表，认为企业核心竞争力是一种企业以独特方式运用和配置资源的特殊资源，资源差异产生收益差异，企业通过积累性学识，以低于价值的价格获得资源是企业获得持续竞争优势的关键因素。核心竞争力是企业通过对各种技术、技能和知识等无形资产的整合而获得的能力。

第二，能力观。以罗斯比（Rossby）和克里斯蒂森（Christesen）为代表的能力学派认为能力是确定资源组合的生产力，资源是能力发挥的基础。高科技和高技能的个人集合体并不能自动形成有效的组织。在国内，邵会会、丁开盛、周星和柳御林等学者认为企业核心竞争力就是企业具有开发独特产品，发展独特技术和独特营销的能力，是以技术能力为核心，通过战略决策、生产制造、市场营销、内部组织协调管理的交互作用而使企业获得并保持持续竞争优势的能力，是一种资产和知识的互补体系。

第三，资产、机制融合观。程杞国认为企业核心竞争力是企业多方面技能、互补性资产和运行机制的有机融合。王秉安认为企业核心竞争力是硬核心竞争力（以核心产品形式和核心技术或核心技能为主要特征）和软核心竞争力（经营管理）的综合。

第四，消费者剩余观。管益忻认为核心竞争力是以企业价值观为主导，旨在为顾客提供更大（更多、更好）的消费者剩余的企业核心能力体系，核心竞争力的本质内涵是消费者剩余。

第五，体制与制度观。左建军认为，企业体制和制度是最基础的核心竞争力，是企业发展其他竞争力的原动力和支持平台，其他竞争力只是在此平台上的延伸。

第六，创新观。陈清泰认为，企业核心竞争力，是指一个企业不断创造新产品和提供新服务的适应市场的能力，不断创造管理的能力，不断创新营销手段的能力。

基于上述分析，笔者认为，企业核心竞争力是指企业独有的、能为企业带来消费剩余的、支持企业可持续性竞争优势的核心能力。确切地说，企业的核心竞争力是在企业长时间发展过程中形成的，蕴含于企业内质的，企业独有的，能为企业带来价值性的，支持企业过去、现在、未来竞争优势，并使企业长时间内在竞争环境中能取得主动的核心能力。例如，在麦当劳快餐公司的核心竞争力中，除了具有快捷的服务体系之外，还有公司的价值观念和文化等深层次的内容，而这些深层次的内容是难以用语言、文字、符号来表示的。正因如此，企业的核心竞争力很难被竞争对手完全了解、轻易复制，从而成为企业独特的战略性资源。

企业核心竞争力具备以下几个主要特征：

第一，价值性。核心竞争力富有战略价值，使企业在创造价值、降低成本上优于对手，促进企业效率的提高。它能为企业带来长期利益，为企业创造持续竞争的主动权，为企业创造超过同业平均利润水平的超额利润。

第二，稀少性。企业核心竞争力为企业独自拥有，是在企业发展过程中长期培育和积淀而成的，孕育于企业文化，深深融合于企业内质之中，为该企业员工所共同拥有，难以被其他企业所模仿和替代。

第三，延展性。企业核心竞争力可以有力支持企业向更有生命力的新事业领域延伸。企业核心竞争力是一种基础性的能力，是一个坚实的"平台"，是企业其他各种能力的统领。企业核心竞争力的延展性保证了企业多元化发展战略的成功。

第四，不可替代性。这是说与某企业相比，其他企业不具有战略对等的资源。总体而言，一种能力越难以替代，它所产生的战略价值就越高。能力越是不可见，企业就越难找到它的替代能力，竞争对手就越难模仿它的战略以产生价值。企业的专有知识以及建立在经理与非经理员工之间信任基础之上的工作关系就是很难被了解，也很难被替代的能力。

第五，难以模仿性。有一种或几种原因可以产生难以模仿的核心竞争力。

首先，企业有时能基于独特的历史条件开发公司能力，即在公司发展过程中，企业不断地积累那些独特的、能反映它们特有的历史路径的能力和资源。

其次，企业竞争力和竞争优势的界限比较模糊也使核心竞争力难以模仿。在这种情况下，竞争对手无法清楚地了解企业怎样利用它的竞争力作为竞争优势的基础。结果使竞争者们不能确定他们需要建立什么样的竞争力，不能得到与竞争对手的战略所获得的同样的利益。

最后，社会复杂性是核心竞争力不易被模仿的第三个因素。社会复杂性意味着许多企业的能力是复杂社会现象的产物。这种例子包括企业经理之间以及经理与雇员之间的人际关系、信任、友谊和企业在供应商与客户之间的声誉。

在操作上，要使一种能力成为核心竞争力，就必须从客户观点来看，它是有价值的和难以替代的；从竞争对手来看，它是独特的和难以模仿的；从公司角度来看，必须具有延展性。

二、企业核心竞争力的理论框架

企业核心竞争力理论框架主要包括核心竞争力的基本思想、核心竞争力的构成、核心竞争力管理。

（一）核心竞争力的基本思想

核心竞争力理论的基本思想可以概括为：

第一，企业本质上是能力竞争力的集合体。核心竞争力是多种具有竞争优势的能力集合体而非单项具体的技能或技术。

第二，竞争力竞争本质上是公司竞争。竞争力竞争不是产品与产品或业务与业务之间的竞争，而是公司与公司之间的竞争。

第三，竞争力竞争有四个层次。竞争力竞争发生在由下至上的四个层次上。一层次的竞争目标是开发与获取构成核心竞争力的技能与技术。二层次是综合核心竞争力的竞争。三层次的竞争出现在核心产品或者关于服务的核心平台。四层次是最终产品份额最大化的竞争。

第四，核心竞争力价值是变化的。核心竞争力价值并不是永久不变的，而是随着时间的推移会发生改变，某个 10 年内的核心竞争力到另一个 10 年就可能仅是一种一般能力。

（二）核心竞争力的构成

核心竞争力的构成可分为横向构成和纵向构成。

1.核心竞争力的横向构成——核心竞争力的维数

基于普拉哈拉德的观点——"核心竞争力是多种技术（硬件与软件）、集体学习（多层次、多功能）和共享能力（跨业务与地理位置）三类要素的组合，具有这三类要素相乘的功能"。笔者认为，核心竞争力在构成上可以看成由具有竞争优势的核心产品竞争力、市场竞争力、知识技术竞争力、人员竞争力、组织竞争力在企业内的集成，用公式可表示为：

企业核心竞争力＝核心产品竞争力 × 市场竞争力 × 知识技

术竞争力 × 人员竞争力 × 组织竞争力

这里，市场竞争力主要是指公司的市场占有能力（公司产品在整个行业或地区的市场份额）、销售能力（销售渠道的宽广、销售额的多少）、客户关系管理能力（公司与客户所建立的关系是否稳固）；知识技术竞争力是指公司独有的且富有竞争优势的技术、技能、诀窍、专利、版权、业务流程等所表现出来的竞争力；人员竞争力是公司员工（特别是核心员工）所表现出来的竞争实力；组织竞争力主要是指企业独有的且富有竞争优势的知识管理能力、创新能力、企业文化、组织结构、战略决策、管理制度与方法、组织学习能力等。这四种竞争力与核心产品竞争力一同组合起来就构成核心竞争力。

2.核心竞争力的纵向构成——核心竞争力层次

核心竞争力维数是从横向揭示其构成，而从纵向来看，核心竞争力可分为基本能力、关键能力、核心竞争力三个层次。

这里，基本能力是核心竞争力的构件块，基本能力可以分为如下几类：产品能力，即与核心产品在市场上所表现出来的竞争力；市场能力，即企业在市场中的营运能力，包括销售、广告、咨询、货品计价、客户满意监控等方面的能力；基础结构能力，即那些与公司内部运作有关的、外部不易见到的能力，如管理信息系统或内部培训；技术能力，即那些直接支持产品与服务的能力；员工能力。而关键能力主要是技术能力或市场能力，它们可以降低成本、提高产品或服务水平、快速进入市场或产生更大的竞争障碍。关键能力的建设是战略业务单位层次的一种关键战略要素。

（三）核心竞争力管理

核心竞争力是能力的集合体，更确切地说，是关键能力的集合体，它主要包括核心技术竞争力与核心营销竞争力两类。后者包含产品管理、定价、意见沟通、销售和分配。虽然每类竞争力可以一样强大，但是核心技术竞争力特别重要，因为它能跨越市场边界为核心产品提供优势基础。

要使核心竞争力观点在组织内付诸实践，整个管理团队需要全面了解并参与五项关键核心竞争力管理工作，即识别现有的核心竞争力、制订获取核心竞争力的计划、构建新的核心竞争力、部署核心竞争力、保护与保持核心竞争力的领先地位。

第一，识别现有的核心竞争力。管理核心竞争力的首要任务是编写核心竞争力一览表。这需要花大力气去从产品与服务中清理核心竞争力，区分核心与非核心竞争力，把各种技能与技术做有机的汇集与整合，最后确立能说明问题、富有洞察力与创见性，并能提升共享认识的核心竞争力定义，这往往需要数月而非几周的时间。为此，建议由几个团队来从事定义核心竞争力的工作，鉴别各种要素对每种核心竞争力的贡献，而且公司还要根据其他公司的核心竞争力对自己的核心竞争力进行基准检查。

第二，制订获取核心竞争力的计划。此阶段的首要任务是确定核心竞争力产品矩阵。它能够区分现有的与新的核心竞争力以及现有的产品市场与新的产品市场。

第三，构建新的核心竞争力。建立一种世界领先的核心竞争力需要花费 5 年、10 年或更长时间，关键在于持之以恒。而要做到这一点，首先，公司内部对将要构建何种核心竞争力应该意见一致。其次，负责建立核心竞争力的管理团队应保持相对稳定。如果没有这种一致性，而各个不同业务单位又只顾建立单独的竞争力，那么公司在核心竞争力建设方面就会力量不集中，或根本不能构建新的核心竞争力。

第四，部署核心竞争力。要使核心竞争力在多种业务和新市场上发挥作用，常常需要在企业内部重新部署核心竞争力——从一个部门或战略业务单位转移到另一个部门或战略业务单位。许多公司有相当规模的核心竞争力存量——许多拥有世界级技能的员工，但是只有几乎为零的核心竞争力转移速度——在新市场机会中重新部署这些员工。虽然人力资源经理可以自豪地宣称人员是最重要的资产，但是缺少人力资本的分配机制，而这种机制能够巧妙与完全地执行资产分配程序。此外，公司还应该避免不必要的核心竞争力的地区分裂。

第五，保护与保持核心竞争力的领先地位。核心竞争力领先地位的丧失有多种方式，包括由于缺少资金而衰退下来、在部门化过程中变得不完整、由于疏忽核心竞争力被联盟伙伴带走或者当抛弃某项效益欠佳的业务时丢失核心竞争力等。如果高层经理不清楚核心竞争力状况，那么就无法保护公司核心竞争力免受侵蚀。部门经理应该被委以跨部门管理特定竞争力之责，并负责这些竞争力的健康发展。公司要定期召开"竞争力总结"会议，重点讨论竞争力的投资规模、加强组成技能与技术的计划、内部配置方式、联盟和外购的影响。

第二节　人力资源管理与企业核心竞争力的关系

一、人力资源管理与企业核心竞争力的内在联系

（一）人力资源管理是企业核心竞争力的关键

由于企业核心竞争力是一个以企业技术创新能力为核心，包括企业的反应能力、生产制造能力、市场营销能力、连带服务能力和组织管理能力

在内的复杂系统。而技术创新能力等诸项能力的状况与增强又取决于人力资源的状况与开发。因此，可以说企业核心竞争力的关键在于企业人力资源管理。离开了企业人力资源管理，企业核心竞争力便会成为无本之木、无源之水。

1. 企业核心竞争力的强弱取决于企业人力资源的状况

人力资源是企业首要的能动性生产要素。虽然人力资源与生产资料、资金、技术等一样都是企业的生产要素，在整个企业正常运营中缺一不可。但是，诸要素的作用却不相同，其中，唯有人力资源是起决定性主导作用的第一要素，是能动性要素，生产资料、资金、技术等均被动地由人力资源使用与推动。企业人力资源与企业核心竞争力及其各组成部分的关系也正是这种主导与辅助、能动与被动的关系。企业科技人员的能力与水平决定了企业技术创新能力的强弱，企业经营管理人员的能力和水平决定了企业反应能力、市场营销能力和组织管理能力的强弱，企业生产工人的能力和水平决定了企业生产制造和连带服务能力的强弱，企业全体员工的整体素质和能力决定了企业核心竞争力水平。正是从这个意义上来说，企业人力资源的状况决定了企业核心竞争力的强弱。例如，海信集团，其成功的根本就是对人力资本的重视及其制度支持，海信一开始就注意到人力资本产权的重要性，尤其为科研部门设立了有效的激励机制，如提供良好的工作环境与待遇，激发了人力资本的积极性，正是技术、治理机制和学习能力相整合而形成的核心能力为海信创造了竞争优势。

2. 企业核心竞争力的培育过程是企业人力资源管理的过程

企业核心竞争力的培育过程可以划分为三个阶段。

第一，开发与获取构成企业核心竞争力的专长和技能阶段。

第二，企业核心竞争力各构成要素整合阶段。

第三，核心产品市场的开发阶段。

在企业核心竞争力的整个培育过程中，哪个企业能够获得最关键的技术、耗费的时间最短、核心产品市场份额最大，哪个企业的核心竞争力就最强。而在这个过程中，最关键的是要有足够数量的高素质人才。因此，管理企业人力资源自始至终地贯穿于企业核心竞争力的培育过程。

企业人力资源的管理就是为了全面实施企业的发展战略，不断增强企业核心竞争力。而对员工的智力、知识水平和技术能力进行开发与提高，也是对员工的企业本位意识和敬业精神进行培育的全过程，有效的人力资源管理恰恰是与企业核心竞争力的培育密切结合而进行的，为企业核心竞争力的形成与增强奠定坚实的人力资源的基础。

3. 企业核心竞争力的增强是企业人力资源管理的根本目的

不断增强企业核心竞争力既是企业自身发展的迫切愿望，又是市场经济条件下企业生存与发展的客观要求。必须全面、深刻地分析与研究增强企业核心竞争力的有效措施。从企业核心竞争力的内涵和构成以及一些成功企业的实践经验来看，全面系统地进行企业人力资源管理是增强企业核心竞争力的重要措施。企业人力资源管理是以企业全体员工为管理对象、对员工的智能进行的开发管理。

具体内容包括三个方面：一是启发、培养员工的智力，如理解力、思维判断力、想象力、创造力等；二是提高员工的技能、实际操作、运用创新技术的能力和科学技术、文化知识水平；三是充分调动企业员工工作积极性、主动性，培养其敬业精神。上述第一、第二方面是培养能力、挖掘潜能的过程，第三方面是促使其全部能力充分释放的过程。由以上管理内容所决定，企业人力资源管理是一个立体交叉开发系统，具体包括企业人力资源管理的规划系统、企业人力资源管理的投入／产出系统、企业人力资源管理的评估系统。

企业人力资源管理的根本目的是，通过对科技人员的管理增强企业技术创新的能力，通过对经营管理人员的有效管理增强企业反应能力、组织管理能力和市场营销能力，通过对生产工人的有效管理增强企业生产制造能力和连带服务能力。通过各方面能力的整合增强企业的核心竞争力。

在世界经济一体化、知识经济已经出现的当代，企业要生存和发展就要具有自己的核心竞争力，而企业核心竞争力的培育与增加需要企业不断地进行人力资源的开发。企业应高度重视人力资源开发对增强企业核心竞争力的影响，有效地做好人力资源开发工作，为企业核心竞争力的增强奠定坚实的人力资源基础。

（二）人力资源管理与企业核心竞争力的关联性

已有的研究大多采用实践定位的视角，来证明人力资源管理能形成竞争优势，强调人力资源管理的价值超过人力资源集合的质量。

我们认为，通过人力资源管理，通过影响人力资源行为而在这种集合和核心竞争力之间关系上的中介作用，通过人力资源资本集合和员工行为，人力资源管理可以产生核心竞争力。存在这种可能，人力资源资本原本就可能存在于公司中，但没有被经理所发现和利用。然而，通过经理控制下的人力资源管理，如挑选、评估、培训、薪酬系统来吸引、确认和保留高质量的员工，这种人力资源资本就能够被开发，并产生与组织目标相一致的行为，继而形成核心竞争力。

人力资源管理是人力资本集合和公司有效性之间关系的中间变量，这种中间变量角色可能解释为什么许多公司强调人力资源的重要性，而只有极少数的公司能够开发出作为竞争优势的人力资源。核心竞争力仅仅在人力资本集合和人力资源实践相互作用中形成。公司虽然能够模仿那些显然使其他公司成功的人力资源管理实践，但只有通过在特定的环境下使用这些人力资源实践，人力资源管理才能成为企业核心竞争力之源。

而人力资源管理在企业核心竞争力中所发挥的作用，主要是通过以下三方面实现的：

第一，人力资源管理能改善公司对关键环境变量变化的敏感能力；高水平的人力资源管理将通过适应环境复杂性的监控分散化而增加组织的监控能力；监控不再仅由中心部门所执行，更多的信息将更多地来源于接近真正利益相关者团体的员工。

第二，人力资源管理也能产生设计更为有效地应对环境变化的战略的

能力。尽管高层经理负责公司战略方向的设定，许多下属单位也开始开发
必要的战略和战术，以有效地对他们特定的环境起作用。

第三，战略一旦被设计出来，需要迅速而有效地得到执行。这种挑战
要求来自员工队伍的灵活性和适应性。很显然，高水平的人力资源管理能
提供高度的灵活性，以使组织适应新的技术或新的环境。最近的研究证明，
具有高认识能力的组织比认识能力低的组织更能够学习与工作相关的知识；
拥有高水平人力资源集合的公司将比拥有低能力员工队伍的竞争对手有
优势。

二、人力资源管理对企业核心竞争力的作用机制

（一）黑箱模型

人力资源管理的各项实践活动对于企业核心竞争力有着或多或少的影
响，这种影响不仅体现在企业的财务业绩上，还体现在对企业战略的实施
与战略目标的实现等方面。那么，从整体上讲，人力资源管理与企业核心
竞争力之间具有什么样的关系呢？已有研究采用累计叠加方法来测量两者
的关系，即将每一项人力资源管理的实践活动所产生的影响简单叠加为一
个整体变量，来衡量人力资源管理对企业效益的影响。

换言之，就是看企业竞争力中有多少能够为某一项特定的人力资源管
理实践活动做解释。对于这种理论方法，只要略加分析就会发现它的不科
学性。如果人力资源管理的实践活动的项目数是不断增加的，或者从事人
力资源管理活动的人数增加了，采用累计叠加方法求得的整体变量必然是
增加的。显然这种解释是不合实际的。

影响企业发展的管理政策和活动除了人力资源管理之外，还包括财务
资源管理、物质资源管理、信息资源管理和市场资源的管理等。而所有的
管理活动最终都要靠人来实现，每一种资源的管理和企业竞争力之间的关
系都不是简单的线性关系，很难说企业竞争力提升中有多少是由于某一种

资源的管理引起的，难以确定一种资源管理投入的增加或减少与企业竞争力提升或下降之间的定量的关系。由此看见，企业的人力资源管理与企业核心竞争力之间是一种黑箱关系。

国内外学者都在试图将人力资源管理与企业核心竞争力之间关系的"黑箱"明朗化。美国人力资源管理专家克雷曼提出"通过人力资源管理实践获取竞争优势的模型"。另外，菲里斯等人对人力资源管理与企业效益之间的中介关系和相互作用过程进行了分析，提出了一种社会背景下的人力资源管理与组织效率关系模型，等等。

由于企业核心竞争力的提升是企业所处环境、企业自身发展阶段、企业经营战略、人力资源管理实践、人力资源管理支持等多种因素相互联系、相互依存的复杂系统行为的结果，人力资源管理无法单独对企业核心竞争力产生作用，必须与其他各种因素相互配合才能产生效果。而各影响因素之间又是相互联系、相互渗透的。要想把人力资源管理从这一复杂的影响因素体系中剥离出来进行分析是相当困难的。

（二）环节控制模型

有效的人力资源管理和开发活动，可以有效地提升企业的核心竞争力。人力资源管理对企业核心竞争力的促进作用贯穿于人力资源管理和开发的全过程中，包括人力资源战略规划、人力资源管理的职责定位、人力资源的获取与再配置、企业绩效管理体系的建立、薪酬设计与管理、人力资源培训与开发系统的建立等。

人力资源管理通过其各个环节对企业竞争力作用的过程被称为环节控制模型。同时随着知识经济的来临和企业中知识型员工比例的提高，人力资源管理和开发的实施已不仅仅由人力资源管理人员来完成，各部门的管理人员、企业的高层管理者甚至企业中的每一名员工都要参与其中。

人力资源管理对企业核心竞争力的影响体现在多个方面，可以从多种不同的角度和层面来进行研究，并且对于不同行业特点的企业、企业的不同组织类型、企业的不同发展阶段以及企业所处的外部宏观经济环境的不同，人力资源管理对企业竞争力的影响和作用机制也不尽相同。下面我们将从人力资源管理过程宏观、微观两个层面，探讨人力资源管理对企业核心竞争力的提高过程。

人力资源管理活动依照其在企业管理中的作用，可分为功能性活动和辅助性活动，它们在企业管理活动中起着不同的功能作用，两者相辅相成构成完整的人力资源管理系统。

人力资源管理系统依靠组织输入其需要的各种资源，包括环境、技术、市场机会、经济来源、劳动力等。同时它也为组织和个人带来输出，其输出最终表现为企业效益的增加和整个组织目标的实现。在企业的发展过程中，人力资源管理要想在企业管理中充分发挥作用首先必须弄清楚整个组织目标和战略意图。有效的人力资源管理总是立足于组织目标和企业的发展方向来开展各项工作。

世界上许多著名的大型跨国企业通过以下三种途径将人力资源管理与公司经营战略相联系：

（1）为实现公司战略目标而选择人力资源管理系统构建与运作方式。

（2）在一定战略目标或环境下预测人力资源的需求并实施管理。

（3）在公司战略目标与组织结构相统一的整体中努力融进人力资源管理。

三种途径虽然各有特色，但共同之处在于：人力资源管理活动总是围绕组织目标来制订计划，将组织目标转化为人力资源管理各子系统的目标，形成相互配合的目标体系，共同致力于组织目标的实现。

人力资源管理计划的制订与实施的首要任务就是为组织配置人员。人员的配置到位是组织运转的开端和持续运行的基础，具有十分重要的作用。事实上，人力资源配置调整是组织中的一项经常性的工作。

随着市场竞争的日益激烈以及国家宏观政策的不断变化，为适应经济环境的变化，企业必须不断改变与调整组织结构，这势必引起人力资源配置的变化。人力资源管理与开发的核心问题是力图动态地实现组织内人力资源配置优化。为此，要按照组织的要求改变内部环境，确定内部各部门的岗位责任制，建立组织发展系统、奖励系统、交流沟通系统以及劳资关系系统。

无论人力资源管理系统如何调整，所有子系统的计划和行为都应相辅相成，紧密配合，合作协同，形成合力，力戒出现子目标的不协调和重叠与冲突。任何系统的功能从本质上来讲都取决于系统的结构，整个人力资源管理系统的执行和循环过程所产生的结果，最终表现为企业核心竞争力的提升。

第三节　加强人力资源管理提升企业核心竞争力的策略

随着经济的全球化和知识经济时代的到来，世界各国企业都面临着越来越激烈的国内和国际市场竞争，而企业核心竞争力的提升关系到现代企业的生存发展。

企业核心竞争力的提升，涉及企业管理的各个方面，其中最为主要的环节就是人力资源管理。因为人力资源是承载知识和技能的实体，是企业所拥有的专门知识和能力的总和，是真实存在可发展的，所以人力资源成为决定企业市场竞争力的关键因素。

换言之，人力资源管理是提升企业核心竞争力的重要途径。人力资源管理对于企业核心竞争力的培养，起着至关重要的决定作用。

一、基于人力资源的企业核心竞争力模型

人力资源具有不可模仿性、不完全流动、可变性、稀缺性、复杂性等特征，人力资源是企业的战略性资源，是企业核心竞争力的源泉和载体。本书建立了一个以人力资源管理为核心的核心竞争力的模型。企业核心竞

争力由核心因素人力资源和绩效管理、学习型组织、企业文化、技术创新四大外围因素构成。

　　企业通过采用和强化战略性人力资源管理模式可直接提升四大外围因素的质量，间接构建核心因素和外围因素之间的紧密联系，形成企业核心竞争力的钻石模型。拥有高素质的企业家队伍、进一步改革企业体制和市场机制是保证四大路径通畅、钻石模型有效运转，企业核心竞争力得到提升所需的政策条件。

　　人力资源包括管理人才、科技人才、管理团队、员工忠诚度、员工素质和工作态度等因素。人力资源由数量与质量两方面构成，人力资源质量，是指劳动者具有的综合的劳动能力水平，可用劳动者的健康状况、知识和技能水平及劳动态度来衡量；人力资源数量，是指劳动者数量的规模。现代企业的竞争归根结底是人才的竞争，而且人力资源与其他资源相比具有独有的特征，是企业的战略性资源。人力资源是形成企业核心竞争力的重要因素之一。

　　该核心竞争力的钻石模型是以人力资源为核心，以绩效管理、学习型组织、企业文化和技术创新四个外围因素组成。本节通过研究人力资源与这四个因素的相互作用，以及如何整合这些职能和资源，以达到提升核心竞争力的目的。

　　该模型具体构成及其相互关系如下：

　　人力资源——绩效管理。绩效管理是一系列以员工为中心的干预活动。绩效管理的最终目标是充分开发和利用每个员工的资源来提高组织绩效，即通过提高员工的绩效达到改善组织绩效的目的，所以人力资源对绩效管理也有很大的影响。

　　人力资源——学习型组织。学习型组织是通过培养弥漫于整个组织的学习气氛，充分发挥员工的创造性思维能力而建立起来的一种有机的、高度柔性的、扁平化的、符合人性的、能持续发展的组织。同样，"学习型组织"也是现代企业人力资源管理的重要内容，"学习型组织"的创建同样有助于提升企业核心竞争力。

人力资源——企业文化。企业文化对企业的发展起着举足轻重的作用，它是企业生存和发展的原动力，指引和决定着企业发展的方向，同时也是企业各资源和职能部门的黏合剂。没有强有力文化的企业，就像是一盘散沙，各个部门独立运作，缺乏一种和谐发展的气氛。而且企业的发展方向是不稳定的，在激烈的竞争中不利于企业形成核心竞争力，更不利于企业的长久发展。文化并不是在企业诞生前就制定的规则，而是企业在发展过程中根据不断变化的环境不断修正的，而文化的载体是人，修正文化、传承文化的主体也是人，因此人对企业文化有很大的影响。有了适应和理解企业文化的人力资源，企业的文化才能得以继承并根据环境变化得以发展，才能保证企业的持续发展，并形成和提升企业的核心竞争力。

人力资源——技术创新能力。技术创新是企业形成核心竞争力的源泉和提升核心竞争力的保证。企业只有具备了技术创新能力，才能将各项技术和资源转化为企业的竞争优势，而只有具备了持续的技术创新能力才能把竞争优势发展为核心竞争力。技术创新只能通过人来实现和延续，企业只有具备了高素质并且认同企业文化的创新型的员工，才能把技术和资源优势发展成为竞争优势，只有留住和进一步培训员工以保持和提升其创新能力，才能将竞争优势进一步发展为核心竞争力。

人力资源与这四个外围因素共同构成了核心竞争力的模型，在战略性人力资源管理的过程中，这几个因素相互作用，互相促进，起到了提升核心竞争力的作用。

二、提升企业核心竞争力的人力资源管理策略

（一）绩效管理创新提升企业核心竞争力

为了提高自己的竞争能力和适应能力，许多企业在探索提高生产力和改善组织绩效的有效途径。组织结构调整、组织裁员、组织扁平化、组织

网络化、灵活化、组织多元化、全球化、组织分散化成为当代组织变革的主流趋势。但是，实践证明，尽管上述的组织结构调整措施能够减少成本（由此提高生产力），它们并不一定能改善绩效；不论是在哪一水平（组织、团队、个人）评价绩效和如何界定绩效，它们只是提供了一个改善绩效的机会，真正能促使组织绩效提高的是组织成员行为的改变。也就是说，要建立学习型组织，形成有利于调动员工积极性、鼓励创新、进行团队合作的组织文化和工作气氛。在这一背景下，研究者拓展了绩效的内涵，并在总结绩效评价不足的基础上，于20世纪70年代后期提出了"绩效管理"的概念。80年代后期和90年代早期，随着人们对人力资源管理理论和实践研究的重视，绩效管理逐渐成为一个被广泛认可的人力资源管理重要过程。

1. 绩效的概念

贝茨（Bates）和霍尔顿（Holton）指出，绩效是一个多维建构，测量的因素不同，其结果也会不同。我们要想测量和管理绩效，必须先对其进行界定，弄清楚确切内涵。一般可以从组织、团体、个体三个层面上给绩效下定义，层面不同，绩效所包含的内容、影响因素及其测量方法也不同。

就个体层面来讲，人们给绩效所下的定义，尚未达成共识。目前主要有两种观点：一种观点认为绩效是结果；另一种观点认为绩效是行为。贝尔纳丁（Bernadin）等认为，绩效应该定义为工作的结果，因为这些工作结果与组织的战略目标、顾客满意度及所投资金的关系最为密切。凯恩（Kane）指出，绩效是一个人留下的东西，这种东西与目的相对独立存在。由此不难看出，"绩效是结果"的观点认为，绩效是工作所达到的结果，是一个人的工作成绩的记录。表示绩效结果的相关概念有：职责，关键结果领域，结果，责任、任务及事务，目的，目标，生产量，关键成功因素，等等。不同的绩效结果界定，可用来表示不同类型或水平的工作要求，在设计绩效目标时应注意区分。

在绩效管理的具体实践中，应采用较为宽泛的绩效概念，即包括行为和结果两个方面，行为是达到绩效结果的条件之一。行为由从事工作的人表现出来，将工作任务付诸实施。行为不仅仅是结果的工具，行为本身也是结果，是为完成工作任务所付出的脑力和体力的结果，并且能与结果分开进行判断。这一定义告诉我们，当对个体的绩效进行管理时，既要考虑投入（行为），也要考虑产出（结果）：绩效应该包括应该做什么、如何做两个方面。

2. 加强绩效管理，提升企业核心竞争力

建立客观公正的绩效评估体系既是一种绩效控制的手段，也是一项具有广泛激励和导向作用的人力资源开发管理系统工程，它能通过提高员工工作绩效，有效实现企业战略目标。在建立企业绩效评估系统的具体选择标准时，可从以下关键因素加以确定：

（1）重要性，即指对企业价值和利润的影响程度。通过专家对企业整体价值创造业务流程的分析，造成对其影响的较大的指标。

（2）可操作性，即指标必须有明确的定义和计算方法，易于取得可靠和公正的初始数据。

（3）职位可控性，即指标内容是该职位人员控制范围之内的，而不是该职位不能控制的，这样才能公平、有效地激励人员完成目标。

我国企业若想成功地实施绩效管理，提升企业核心竞争力，不仅要实现绩效考核模式的转变，更重要的是要实现从单纯的绩效考核向绩效管理的提升，构建完整高效的、以战略为导向的绩效管理体系。

一个完整的绩效管理体系包括如下五个组成部分：

第一，设定绩效目标。目标是绩效管理的标的，绩效管理的活动都依赖于目标的落实，因此，经理应该和员工共同设定一个共识的绩效目标，为绩效管理做最充分的准备。

第二，业绩辅导。目标设定之后，经理的职责就更加明确：辅导。经理应在员工实现目标的过程中不断与之沟通，尽其所能地与员工保持密切联系，不断为员工提供资源支持，为之清除前进道路上的障碍，一切为目标的实现而工作。

第三，记录员工的业绩档案。"没有意外"是绩效管理的一个重要的原则。这里的"没有意外"是指在年终绩效考评当中，经理和员工对绩效考评的结果不会意外，一切都在意料之中，员工不会因绩效考评的结果和经理争论，无争论正是绩效管理所倡导和追求的。为了不出现意外，经理就必须在日常的工作中多加观察并做必要的记录，形成员工的绩效档案，为以后的绩效考评准备更加充足的材料。

第四，绩效考评。绩效考评是绩效管理的必经阶段，绩效管理的目的不是考评，但考评的目的是使绩效管理更加优秀，通过考评发现问题，并解决问题，使绩效考评成为经理和员工共同的机会。

第五，绩效管理体系的诊断和提高。没有绝对完美的绩效管理体系，任何企业的绩效管理都需要不断完善，因此，在考评结束之后，企业应组织有效的诊断，从而发现问题并解决问题，使企业的绩效管理体系在下一个循环当中发挥更大作用。

在企业战略明晰、组织结构确定的前提下，战略需要被转化为企业阶段性的目标和计划，在此基础上形成各个部门的目标和计划，继而形成员工个人的目标和计划。目标和计划一旦明确，组织便进入了工作状态，此时企业通过会计统计系统对企业、部门及个人的绩效状态进行监控，并且定期向各级管理者反馈监控结果。

企业的统计系统能够进行绩效监控，但是并不见得能够满足绩效监控的全部要求。在建立绩效监控的时候，应该对企业现有的统计系统进行梳理和改造，使之能够满足绩效监控的全部要求。

一个阶段之后，考核者根据绩效监控体系反馈回来的数据、被考核者绩效目标完成状况，对被考核者进行绩效评价，同时对被考核者工作出现的问题进行分析和探讨，寻找问题的根源，并确定绩效改进的方法。这里应该注意的是，问题的根源应该更多地从被考核者自身去寻找。

绩效评价并不是考核的目的，寻找问题、分析问题、解决问题从而促进绩效改进才是绩效考核的目的。我们将这个过程称为经营检讨。考核结果一方面为企业的人力资源管理提供决策依据，另一方面促使管理者重新审视企业的经营目标和计划，甚至是企业的战略规则。

（二）建立学习型组织提升企业核心竞争力

学习型组织这一理念从美国学者彼得·圣吉（Peter Sankey）系统提出到欧美的实践以及中国的现阶段的引入和实践，越来越显示出它的生命力和活力。

1. 学习型组织的概念

学习型组织这一概念是由美国哈佛大学教授佛睿思特（Forrester）在1965 年发表的《企业的新设计》一文中首次提出来的。他的学生彼得·圣吉在 1990 年出版的《第五项修炼》中，提出了"五项修炼技术"，即自我超越、改善心智模式、建立共同愿景、团队学习和系统思考，对学习型组织的内在含义做出了比较全面的概括：学习型组织是一个"不断创新、进步的组织，在其中，大家得以不断突破自己的能力上限，创造真心向往的结果，培养全新、前瞻而开阔的思考方式，全力实现共同的抱负，以及不断一起学习如何共同学习"。

彼得·圣吉提出"学习型组织"理论，标志着由个人学习向组织学习的转变。学习型组织，是指组织全体成员持续地通过各种方式和途径进行学习，形成组织学习的氛围、知识创造和共享的学习机制。

只有学习型组织才能适应急剧变化的世界环境，才能永葆青春活力。学习型组织有四个特点：

第一，强调横向联系与沟通，强调授权。这种新型组织中强调授权管理以提高对外部环境的适应性。位于较高等级职位的管理者不再扮演监督与控制的角色，而是转为支持、协调和激励的角色。

第二，学习型组织应以成员的自主管理为导向，成员自主计划、决策与协调。在此，员工决策的范围远比参与民主管理的员工的决策范围广泛得多。

第三，学习型组织应具备较强的自我学习能力。较强的自我学习能力是组织在动态复杂环境中维持生存、求得发展的必要条件。

第四，学习型组织富有弹性，反应灵活。知识、技术与信息在学习型组织中占主导地位，强调与速度的竞争。

学习型组织理论对于战略性人力资源培训具有重要的指导意义，培训是一个系统性工程，是组织整体的培训，涉及全员，要通过培训体系的建立、培训制度的执行和组织培训氛围的形成使学习和提高的理念深入组织发展之中，使培训、学习成为员工的自觉行为，切实提高员工和组织的学习能力，提升培训效果，帮助组织赢得持续的竞争优势，实现长远发展的战略目标。

2. 创建学习型组织，提升企业核心竞争力

"学习型组织"是新世纪人力资源管理的重要内容之一，通过"学习型组织"的创建同样有助于培养企业核心竞争力。"学习型组织"进入中国也已有多年，一些企业、公司正在学习研究。那么，结合我国的国情，在企业中如何创建"学习型组织"，如何通过"学习型组织"来提高员工的综合素质和企业的核心竞争力呢？

第一，在学习中成长。当今社会是一个信息经济时代。飞速发展的信息技术产业，特别是迅猛成长的互联网，正在给我们的经济、社会与文化生活带来前所未有的冲击。毋庸置疑，21 世纪，孤独、封闭的组织是无法超越自我，超越竞争对手的。与传统的企业相比，将来的企业将变得更为智能化。知识、信息处理以及学习创新成为组织的重要能力，或者说，"学习型组织"将成为组织变革的主要方向。因此，组织以及组织中的个人都要不断地学习，不断地实现自我超越。

第二，创造是学习的核心。建立"学习型组织"，首要的问题是向谁学习，学习什么。我们不仅可以向企业外部的榜样学习，也可以在组织内部树立榜样，甚至向竞争对手学习，向自己或榜样或过去的经验教训学习，向其他行业的企业学习，等等。这一学习过程，就是知识获取和传递的过程，在此基础上，才能更好地创造知识。创造是学习的核心，没有创造的

学习只能是简单模仿。

第三，"学习型组织"首先需要学习型的企业家。"学习型组织"的关键是企业家或经营者本人，他的学习能力是经营决策成功的关键。同时，他思维方式的改变和眼界的扩大，将为企业创造更大的发展空间。他的学习为下属树立榜样，他也是"校长"或"教授"，指导着其下属和员工的学习与互动。在"学习型组织"中，我们不赞成高层领导人整天沉浸于企业内部的日常事务的处理上，他应当抽出更多的时间出去走走，参加有关的各种活动，接触方方面面的人，以扩充他的知识，据展眼光视角，只有这样，他才能站在更高更远的位置来统率企业。因此，我们说，"学习型组织"首先需要学习型的企业家。

(三) 加强企业文化建设提升企业核心竞争力

企业文化是人力资源管理的重要组成部分和内容。营造良好的企业氛围是现代企业人力资源管理的重要任务之一，这也是培育企业核心竞争力的重要途径之一。每一个拥有核心竞争力的企业都有优秀的企业文化，可以说，核心竞争力是在企业文化的基础上培育起来的。企业核心竞争力的特征之一就是其独特性，不易被竞争对手通过简单的模仿而获得。为了使核心竞争力具有独特性，仅有核心技术是远远不够的，必须具有能整合核心技术从而创造出竞争优势的企业文化作为支撑。由于某种核心技术往往是容易模仿的，它只有通过与企业文化的结合，才能发挥超越技术范围的功能，从而形成有别于其他竞争对手的竞争优势。通过人力资源管理，可以有助于形成培养核心能力所需要的组织文化，加速核心竞争力的形成。

1. 企业文化概念

"企业文化"概念由美国管理学家彼德斯和沃特曼在合著的《寻求优势：美国最成功公司的经验》一书中系统提出。后来，美国大西洋大学管理学教授舒适特首先提出"A 战略"理论，即通过改造"企业文化"进而改进企业人力资源战略。企业文化，一般有广义和狭义之分。广义的企业文化，是指企业在创业和发展过程中形成的物质文明和精神文明的总和，具体包括企业管理中的硬件与软件、外显文化与隐形文化两部分。而狭义的企业文化，是指意识形态范畴的，包括企业的思想、意识、习惯、感情等。一般来讲，企业文化，是指企业全体员工在长期的创业和发展过程中，培育形成并共同遵守的最高目标、价值标准、基本信念以及行为规范等。

2. 企业文化建设的基本内容

企业文化建设的内容很广泛，主要包括企业精神、企业目标、经营宗旨等方面，具体体现如下：

（1）企业精神。它是企业文化的核心，是企业在经营和管理实践活动中形成的能够反映员工意愿和激励干劲的无形力量，是企业发展的精神支柱。在培育和建设企业文化中，首先要抓住企业精神的培育。企业精神的概括和提炼应富有个性、特色和独具的文化底蕴。例如，×企业倡导的企业精神为敬业、团队、创新。"敬业"是鼓励为事业而献身的精神，培养踏踏实实和精益求精的工作作风。"团队"是要求企业内部要有协作和配合的精神，员工不但要对自己的工作负责，同时也对整个企业负责，提倡员工间互相鼓励、互相关心和帮助。"创新"精神包含了"开拓"的内涵，是企业高速发展的重要动力。

（2）企业目标。它是企业适应形势的发展和需要而提出的奋斗方向。企业目标是团结一致、努力拼搏的基础，用目标的实现来凝聚员工，为实现目标调动全体员工的积极性、智慧和创造性。

（3）经营宗旨。它是在企业生产经营过程中，企业员工上下所信奉的共同的基本信念和理想追求。正确的经营理念，对推动企业在市场中生存发展具有巨大的反作用力。

3. 加强企业文化建设，提升企业核心竞争力

企业文化能够显著影响企业的经营绩效，并具有其他方法无法替代的隐性作用。"国家富强靠经济，经济繁荣靠企业，企业兴旺靠管理，管理关键在文化。"可见在企业中，企业文化的重要性，那如何加强企业文化建设来提升核心竞争力呢？

第一，注重提炼精神文化。优秀的精神文化是企业文化体系的核心，企业只有根据自己的特点，提炼出本企业的优秀理念，然后才能从核心上体现出企业的个性。

第二，不断创新制度文化。企业文化的建设一定要有制度保证，而在这种制度保证中要做到制度文化的不断创新。当企业内外条件发生变化时，企业制度文化也应相应地进行调整、更新、丰富、发展。成功的企业不仅需要认识目前的环境状态，而且还要了解其发展方向，并能够有意识地加以调整，选择合适的企业制度文化以适应挑战。企业要根据自己的理念，不断推出适应新的竞争形势的管理制度。在这种制度文化的创新中，要考虑是否适合本企业文化，是否能对提升本企业的文化发挥作用，用优秀的制度来保证文化建设的实施。

第三，积极倡导行为文化。企业文化建设一个非常重要的方面，就是要落实到行为之中。在企业文化建设中，企业家作为企业的领导要积极倡导优秀的行为文化，并且身体力行，做出表率，一个领导者的表率作用常常会起到潜移默化的作用。行为文化的倡导可以分为两个层次：一是企业要有全新的管理行为，在自己的管理行为中处处体现出本企业的文化特点，体现出企业的文化品位；而员工要有全新的工作行为，要用爱岗敬业、诚实守信的行为来具体实践企业的文化，使社会公众通过企业员工的行为，更好地认识该企业的文化内涵。

第四，着力构建物质文化。企业的物质形态，往往也反映出企业的文化特点，是一种让人一目了然的文化。这种物质形态表现在整洁的厂貌、现代化的工作设施和环境、具有先进理念的办公环境等，在企业的"硬件"中体现出企业的文化追求，使员工处于良好的文化氛围之中。实现企业优秀文化建设成果向企业核心竞争力的转化。

（四）进行技术创新提升企业核心竞争力

按照帕德莫尔（Padmore）和吉布森（Gibson）的观点，企业的技术创新涉及三个主要变量：基础（它作为供应变量包括资源和基础条件）、市场和企业自身，三者缺一不可。基础，是整个社会的自然禀赋所决定的，在短期内很难改变；市场，是一个受多方面影响的系统，很难从一个企业的角度去考虑市场的变化；企业自身，才是企业可以通过自己的力量实现技术创新的途径，也是通过战略性人力资源管理和技术创新相互影响，提升核心竞争力的关键。

核心竞争力是企业中的积累性学识，其本质是知识，而知识最直接的体现就是技术，一项技术优势可以发展成为企业的竞争优势，不断创新的技术就可能发展成为企业核心竞争力的组成部分。人是知识的载体，知识的传播和积累都要靠人来完成，技术同样如此，企业有了掌握高技术并有创新意识的人才，并且在人力资源管理的过程中给予他们足够的重视，才能始终保持技术的领先，保证企业有比平均水平更高的生产效率，培育和提升企业的核心竞争力。

1. 企业应提高对技术创新的重视，加大对科研的投入

从前面的分析可以看到，技术创新不但能帮助企业克服边际效应递减的影响，提升企业的竞争力，其外部性还可以提高整个行业乃至整个社会的生产效率。而且也只有保持先进的技术和技术不断创新，企业才能在激烈的全球竞争中享受高于平均水平的收益，立于不败之地，企业应该提高对技术创新的重视力度，建立学习型企业环境。

首先，企业应该加大对技术创新的资金投入力度，为企业的技术创新活动提供足够的资金保证。其次，企业应该加大对科技人才的引进力度，要提高高技术、高学历人才在员工中所占的比例，提高全体员工的创新水平，并注重对在职员工，特别是掌握熟练技术员工的培训。最后，企业还应该充分利用各类社会资源，加强与高校等科研机构的合作。企业可以将自己的科研课题、技术攻关项目外包到科研机构，也可以将科研机构的研究成果应用于实际的生产。这样不但可以节约企业的科研和人员成本，还可以化解企业科研的风险，并形成产学研的良性循环体系，有利于企业的长远发展。

2. 以技术创新，引导战略性人力资源管理

技术创新归根结底是人的因素起最关键作用，人是技术的载体，人是推动技术创新的最根本动力，以技术创新来引导企业的战略性人力资源管理就可以很好地实现人与技术、人与技术创新的互相促进。

（1）科研人员招聘阶段。要想提高企业的技术水平和技术创新水平，拥有高技术的人是必不可少的，也是进行技术创新最基础的资源。企业的技术创新是全员参与的过程，但是必须也要有技术骨干起带头作用，企业在招聘员工时，就应该根据企业现有的技术和人员结构，引进企业急需的人才，这种招聘的方式可以节省企业的培养成本，降低企业培养的风险。由于技术人员不同于普通员工，他们进入企业后会掌握该企业的技术信息，甚至是核心技术信息。企业在招聘阶段必须要从企业的实际出发，不能单纯地以高学历为判定标准，应该以其科研实力和道德品行为主要的考察目标，有了较高的科研能力才能胜任企业繁重的科研任务，有了好的道德品行，才能保证员工的稳定、保证技术的安全。

（2）对科研人员的激励。技术创新是一个长期的系统工程，一项技术创新可能会经历几年甚至十几年的研究过程，一旦研究成功，其影响也是可以持续相当长时间的。对科研员工的激励就不能同一般员工的激励一样。一般员工是根据其完成任务的数量和质量来进行物质奖励的，如果也采取这样的方式奖励科研人员，只有科研有了成果才奖励，那么这样的奖励方式就是滞后的、失败的。由于科研人员是企业技术创新的基础，是企业保持和提升核心竞争力的保证，同时他们也是企业核心技术的掌握者，必须保证科研人员的相对稳定和高的工作效率，才有利于企业的长远发展。对科研人员的奖励应该以长期奖励方式为主，对主要的科研人员应该参照高级管理人员的奖励方法，让他们参与企业的分红和分享企业的股份，只有这样才能真正调动科研人员的工作积极性，并保证他们的相对稳定性，为保护企业的核心技术和推进企业的技术创新提供保证。

（3）对普通员工的培训。在前面的分析中可以得知，企业的技术创新

是一个全员参与的系统工程，企业的技术创新活动应该是一个由技术人员指导，全体员工参与其中的过程。这就不但要求高水平的科研人员，还需要有责任心和创新意识的员工。企业应该加强对普通员工的技术和技能培训，让他们了解更多的技术知识。这样不但有利于提高生产的效率，提高生产销售的质量，还有利于员工在采购、生产、销售、服务等各个阶段，从更加专业的角度发现存在的问题，提出解决的建议，为技术人员解决问题、改进技术提供第一手的资料，为技术创新提供方法和思路。

（4）对普通员工的激励。企业的一项技术创新并不是单一的一个技术成果，而是在不断地改进和革新现有技术的基础上发展来的，而科研人员不可能参与到多个方面的改进和革新，很多小的技术改进和技术革新都是一线的员工或销售人员完成的。企业还应该加大对普通员工技术革新的奖励，这种奖励应该是以物质奖励和精神奖励相结合的方式进行。可以给员工发放奖金，也可以用员工的名字命名改革创新的技术。这样激励全员参与到企业技术的改进和革新中，不但提高了每个员工的价值，还能持续地提高企业的生产效率，对建立和提升企业核心竞争力有很重要的促进作用。

有了企业文化不等于企业就相应地具备了核心竞争力。要善于运用企业文化建设的成果，积极促进其向企业核心竞争力转化。

第八章　企业战略人力资源管理的培训体系构建

企业战略人力资源管理职能之一是根据企业发展战略和企业内外部最新变化情况，对现有员工进行各方面的培训，以提高员工的适应能力，从而增强企业竞争力。另外，当经济达到一定水平后，人们工作不完全是为了生存，还有精神需要。因此，培训对于员工来说也是企业给员工的特别福利。俗话说，活到老，学到老，还有很多没学到。这也说明在职在岗的员工无论在生活情趣还是业务能力方面，都需要企业树立给员工终身培训的理念，建立一个以员工素质能力提升与企业战略目标相结合的员工培训模式，打造学习型企业，从而加强员工团队的凝聚力和战斗力，确保企业在市场竞争的同行中始终处于领先的地位。

第一节　人力资源培训理论

纵观人力资源管理的历史，在工业革命前，生产主要以手工为主，生产规模小，员工培训工作仅仅是民间的师傅带徒弟的低效率培训模式。19世纪末，"管理学之父"泰勒认为工人如果缺少正确的操作方法，就不可能相互协调制造出一个完整的流水生产模式下的产品，因此，他主张整齐划一的员工技术培训是企业开工的前提。20 世纪 30 年代美国学者梅奥通过"霍桑实验"提出了著名的"社会人"理论，他主张员工不仅仅需要技术培训，同样还要注意员工的士气和工作满意感的引导与培训，否则就会影响员工的劳动生产率。从此，人力资源培训的新理论层出不穷，企业实践中的员工培训也越来越受到重视。其中最有影响的培训理论是下面介绍的"人力资本教育理论"。

人力资本教育理论就是研究员工劳动的边际生产力与教育培训关系的理论。这种理论认为人们对人力资源进行教育投资后才能形成更大的人力资本价值。人力资本价值就是指体现在员工个人身上并且可以得到收益的价值。在生产要素市场上，从劳动需求者的角度来看，人力资本的投资提高了企业员工的劳动生产效率，在相同条件下为企业创造的财富就多一些，所以企业愿意给此类员工支付更高的劳动报酬，企业就更加愿意"购买"此类劳动者；从劳动供给者角度来看，人力资本的投资增加了劳动者的成本支出，因此劳动者要求更高的工资待遇以弥补接受教育和培训的支出。这样，教育培训作为人力资本投资在供求两个方面作用于劳动市场，使劳动工资出现了差异。

为了减少员工的教育投资成本，企业支付（或部分支付）员工培训成本，在企业财务的表面上体现的是"亏"而不是"盈"。怎样才能"盈亏平衡"呢？对企业员工进行培训后提高了员工的生产率，同时也很快增加了企业的利润，从而企业便实现了"盈"，这个理论也为我们本书研究模型中的培训模型提供了理论依据。因此企业培训员工的实质是企业的一种间接投资战略。从这一点上来说，企业的人力资本投资和实物资本投资的结果是一致的。

人力资本教育理论认为，企业对员工的教育是现代企业人力资本投资最有效的方式，然而，西方发达国家从 20 世纪 70 年代起（我国从高校扩招后的 21 世纪起），出现了一种特殊现象：大学毕业证只能作为一种衡量工作能力可能依据，不能直接等同于已经获得技能的证书。甚至有人直接喊出"读书无用论""培训无用论"。其实，这并不能说明读书无用或培训无用，那是因为人们参加工作前的学历教育主要是培训理论基础，而不是具体的生产技能。所以人们正式工作前要进行"上岗培训"，参加工作后，由于新技术、新理论和其他复杂情况变化的出现，在职员工还应该"更新知识"来适应企业和社会的发展。虽然教育不能直接提高劳动的生产率，但可成为一种高生产率的载体。

学者哈彼森在专著中提出"人是开发和利用资源、积累财富与资本、建立政治经济和促进国家和社会进步的主力军。一国政府若不能发展和增加人们的技能，就谈不上创新与进步"。我国古代的著名管理学家管仲说"一年之计莫如树谷，十年之计莫如树木，终身之计莫如树人"。这些理论都强调育人是最重要的投资，是朴素的"人力资本"思想的重要体现。

根据国内外学者对企业战略人力资源培训的研究可知：企业战略人力资源培训就是通过分解企业战略目标和分析员工个人期望，运用各种引导和教育手段对员工进行工作业务和情感态度等多方面改进的行为方式。对企业员工的培训内容应该主要包括：（1）员工知识培训。就是指员工完成本职工作所需要的基本知识、企业的发展战略和经营状况等相关知识。（2）员工的技能培训。就是指员工在本岗位上工作必备的操作技能和其他技术。（3）员工的态度培训。就是对员工对企业的信任、忠诚和主人翁意识，企业形象和组织向心力等方面内容的培训。

第二节　大型企业战略人力资源培训作用与原则

一、战略人力资源培训的作用

有研究表明，对员工投入一元钱的培训成本，员工可能能为企业创造出五十元的收益，因此，教育培训是企业投资回报率较高的投资行为。

一是从企业组织方面来看，通过培训可以提升员工能力与素质，进而提高生产效率，同时向员工们传输一些企业管理理念，可以加强对员工的管理。

二是从员工个人来看，企业提供的培训可以提高他们的能力与素质，增强员工对工作的满意度。同时，员工们还有一种被企业所重视和尊重的满足感。增强员工自身实力，培育与保持公司核心竞争力，提高劳动效率，培植组织潜力，实现个人绩效与企业战略同步。

三是从企业和员工双方角度来看，能够快速实现企业战略和员工培训目标的有效结合。

二、战略人力资源培训的原则

为了实现以上三项主要作用，企业在组织培训时一定要符合以下几条原则：

一是要有培训目标与评估标准体系。有的大型企业为了培训而培训，每次培训前没有明确目标，只是走过场，结果除了浪费人力物力外，没有其他结果。培训后也没有考核，没有总结，员工感觉没有收获。因此，培训前一定要结合企业的战略目标，做好从培训讲课到考核的一整套培训策划。

二是对不同类别层次对象用不同培训方法。很多企业对员工培训时都是传承了学校教育中的"齐步走"的方式，大型企业培训时只有结合具体工作岗位，甚至针对个人制订相应的培训计划。才能真正收到实效，推动企业战略目标的实现。

三是对员工培训要有前瞻性和可持续性。有些培训的内容能在员工身上产生立竿见影的效果，但是有些培训内容可能是一种潜移默化的东西，不能马上看到效果，特别是对中高层管理者的培训，在设置培训内容和目标时一定要有前瞻性和可持续性。

四是重点培训与全员培训相结合原则。既要做到将所有员工都列入培训计划，同时也要注意技术与管理的骨干力量，他们在接受培训后回到工作岗位上，再对其他员工起到示范和帮带的作用。这样可以大大节省培训成本，提高效率和效益。

五是企业文化素养和业务技能培训结合原则。员工培训内容不仅要有专业技能与知识，还应该有企业管理理念、道德素养、组织制度与企业精神等方面的培训。

第三节　大型企业人力资源培训现状及问题剖析

经调研发现当前大型企业大部分确实是有自己的企业员工培训计划。特别是大型企业的高管们也意识到了企业员工培训能给企业带来发展实力和竞争优势。但是实际培训效果让人担忧。走访中发现缺少培训评价体系的企业占 30.5%，感叹员工培训没有明显的效果的受访者占到 51.2%，仅有不过两成的受访者对企业员工培训效果表示肯定。认为有较大效果或很大效果的企业仅占 15.3%。大型企业员工培训工作不理想的原因应该是多方面的，我们可以从以下三个方面来展开分析。

受训者动机不纯。部分受训者并不关心技能与实际培训内容，仅仅想通过企业的培训来增加自己的晋升资本。

受训者"跳槽"现象频发。正因为培训能提高员工能力，因此受训后的员工有了新的技能，员工就可能跳槽，培训企业就仅仅做了一件为他人做嫁衣的"赔本"工作，培训不但没有增加企业竞争力，反而降低了自己的实力，这是所有大型企业都担心发生的结果。

培训工作虎头蛇尾，没有评价与考核。调研中很多曾经接受过公司培训的受训者反映，部分企业只是为了培训而培训，培训结束后没有考评，即使有考核评价也只是走过场，甚至没有真正参加培训的同批次员工，只要报名参加培训，则都能获得培训通过合格的培训结业证。在培训实效方面没有明显的奖惩措施，因此，降低了企业员工参与的积极性，削减了培训产出成果，达不到战略目标。

培训内容安排与企业战略脱节。有些大型企业在进行培训策划时，没有紧密结合四大因素：本企业总的发展战略、本企业的实力、员工个体的本身素质、培训需要，而是为了培训而培训，在实际操作中进行生搬硬套。

培训讲师不合格，方式死板。经调研发现大部分大型企业给员工培训所请的培训师都是通识性的咨询公司或对企业实践与员工背景没有深入研究过的所谓专家，培训师不了解受训员工的真实需求。有时会有"曲高和寡"现象发生：培训师一个人只顾自己讲课，所有学员玩手机，没有人听课。培训方式仍采用课堂教学的填鸭模式，培训课程也缺少明确目标。

第四节　基于企业战略与员工素质的大型企业员工培训模型研究

一、基于企业战略与提高员工素质的员工培训体系构成

当今国际国内市场竞争加剧，单纯针对员工素质的培训体系模式已经过时，大型企业在制订员工培训时只有结合本企业的企业发展战略与员工个体实际情况，才能在直接提高员工素质的同时自然达到增强企业竞争力。

基于企业战略与员工素质的综合培训体系着重解决了三个方面的问题：一是增强能力，解决现状。充分考虑了企业和员工个人的现实情况。二是战略导向，展望未来。体系以企业的总战略为导向，着眼长远。三是讲实效，重操作。从培训师资与教材到受训学员都纳入培训策划体系。

二、基于企业战略与提高员工素质的员工培训流程

（一）训前进行需求评估

企业的员工培训需求分析是做好培训工作的关键，务必由企业主管领导牵头并邀请人力资源相关专家参与，结合企业战略目标、受训员工背景与需要等多种因素，做出科学的需求评估。这个步骤比较耗时，很多企业沉不住气，匆忙将培训项目拉上来，结果培训结束后才发现此项目没有必要。

（二）培训目标的制定

在论证培训需要与项目的必要性后，就可以加速制订清晰的大型企业相关员工培训目标与培训内容的细则。

（三）培训师资与活动实施

在大型企业培训规划的基础上，结合第一阶段专家的建议，根据规划和不同的受训对象合理选择培训课程体系与培训方式。

（四）培训成果转化和考核评估

大型企业员工培训最后一项工作就是结合 KPI 管理和激励手段对培训成果进行转化和考核评估，它既可起到监控培训成果作用，又可以为下次培训需要分析打好基础，还有利于根据企业战略目标深挖人力资源潜力。

三、大型企业员工培训的具体措施

根据大型企业培训的现状和相关理论，以湖南为例，按照培训员工对象不同，我们可以将大型企业员工培训措施具体分为三类：新进员工培训、在职员工培训和管理人员培训。每个系统中的培训方式与培训内容可以归纳如下：

（一）大型企业新进员工培训

新员工到企业报到入职之前，大型企业必须组织培训，以便让新员工能尽快适应新的工作环境，掌握必要的工作技能。具体培训时间长短由企

业结合自身情况而定。根据笔者对湖南省内外部分农业企业关于"新员工培训时间"的调研表明，国家级大型企业为一个月左右（湖北武汉某大型企业培训时间为三个月，公司称为"入职百日修炼"）。1000人左右规模的省级大型企业对新员工的入职培训在十天左右，1000人以下的省级大型企业需要三四天时间培训。参考优秀的工业企业新员工入职培训内容和湖南省内外在新员工入职培训方面做得比较好的大型企业，现总结归纳出大型企业新员工上岗前培训内容主要包括下面五个方面：

一是新员工的导向活动。此活动是大型企业人力资源部门（如果是大型企业则邀请招聘员工的主管部门参与，若是中小企业则不需要）对新员工进行公司管理细则中的应尽职责、工作环境、工作条件、工作内容、人员关系、规章制度、工作要求等内容的介绍，使新员工能尽快地融入到大型企业的组织中来。具体主要有三类内容：①隆重的迎新气氛。可以安排专人接待，并在公司明显位置张贴标语营造热烈欢迎的气氛。这一行活动，能让新员工感受企业的温暖，留下美好的第一印象，对日后工作充满无限憧憬，深深打动新员工。②领导致辞和单位简介。每批新员工入职都安排"领导见面"的活动，以方便日后员工开展工作。介绍单位的业务范围、组织架构、办事规程，工资待遇、部门间工作关系、沟通渠道等。此活动结束后，员工对公司就有了一个大致的了解。③展示职业前景与升职机会。向员工介绍工作的内容、岗位职责、岗位发展前途与新员工在企业的发展机会。从而让他们产生爱岗敬业理念，建立在本企业长期发展的打算和信心。

二是大型企业的企业文化培训。入职时进行大型企业的企业文化培训目的在于让新员工了解组织的企业使命、发展远景、管理理念、战略目标、价值观等。此活动后的效果应该是新员工理解并认同企业文化，形成与企业文化相一致的心理定势，对单位产生归属感。培训企业文化的具体内容可以包括三个层次：①企业精神层面培训。包括企业历史、优良传统的教育、企业使命、发展远景、战略目标、管理哲学、价值观、企业精神、企业作风等。有条件的大型企业还可以创作司歌给全体员工，让司歌唱出企业的精神面貌。通过此培训活动，让新员工了解公司管理细则中的提倡与反对的具体内容，公司员工的精神风貌、待人接物态度等。②企业制度层面培训。无规矩不成方圆，入职制度教育是很重要的大事，向员工讲清工作规则可以让今后管理工作轻松很多。主要包括学习进出制度、考核制度、财务制度、请假制度、岗位责任制度、考勤制度、职称评定制度、晋升制度、奖惩制度、福利制度、培训制度、生产安全制度等一系列规章制度。另外，还有与企业文化相关的其他共同知识，例如如何接打电话、如何接待客户、如何站立行走及使用礼貌用语、遵守文明公约等，所有的员工都按要求去做，就形成了规范化的行为举止，从而树立起良好的企业形象。③物质层面的培训。主要向新员工介绍公司的厂容厂貌、企业的内外部环境、各部门和单位的地点和性质。还有企业的主要设备、厂旗、商标、厂标、产品、厂徽、品牌、厂服、声誉及其含义、企业纪念建筑（雕塑、塑像、纪念碑）、奖旗奖杯等能反映企业精神和企业传统的所有"能见物"。

三是大型企业新员工的业务培训。先依据大型企业在招聘时初步确定的每个新员工的不同工作岗位，让新员工分别了解和学习一些有关的操作要领、工作流程、工作要求及业务知识。其次带员工观看企业生产的所有过程，甚至请老员工现场生动解说。

四是大型企业新员工的岗位培训。以上培训内容多为集体培训，集体培训多是离开实际工作岗位的模拟训练和理论培训，并且集体培训人数较多，不能因材施教，无法改正个人的不良习惯和心态，所以还要进行实际岗位培训。对大型企业新员工进行入职前的大型企业的岗位培训时要注意几个主要方面：①建立手把手的"师徒"帮带制度，使新员工不但可以快速掌握工作岗位需要的知识、技能，了解工作，更重要的是为其吸收企业文化起到言传身教作用。②在对新员工的具体工作操作指导要先讲准，再看速度，让其形成好的工作作风。③培训新员工在岗位上为顾客服务的精神，树立真正"顾客在我心中"的观念，并落实到行动中。④培训新员工在工作岗位上互相帮助的团体精神。

　　五是生产安全意识培训。安全意识包括两个方面，一是产品质量安全，这是现代制造业放在突出位置的大事，在质量安全方面，绝对不能松懈。另一方面是指生产与人身安全。对新员工的安全培训，不仅仅要讲述其在做本职工作时如何注意安全，也要注意企业内部其他部门与生活环节的安全，如果一个企业出了事故，通常情况下，该企业可能就会被拖垮。因此，笔者调研的湖南农业企业 JM 公司将公司的各个部门的"安全"问题都列为了重要考核对象。

　　世界上所有比较成功的公司对新员工都有教育引导活动和培训。成功的职前培训不论是正式的或非正式的，其目的都是让新员工能尽快从局外人顺利地成为单位的一员，让他们轻松愉快地进入工作岗位。

　　（二）大型企业在职员工的培训

　　随着经济、社会、技术的变化发展，为了与时俱进，大型企业在职员工同样要进行掌握新知识、新技能，树立新观念的"继续教育"培训工作。大型企业在职员工的培训类型主要有三类：

　　一是大型企业不脱产的学历教育。根据个人的业余时间向企业申请在电大、业余自修学校、夜校、职业大学、函大等各类学校接受与自己本职工作相关专业的学历教育，提高员工的文化素质，凭毕业证来企业报销部分或全部学费。

　　二是大型企业在岗技能培训。就是充分利用企业目前技术设备，选择实用性较强、管理方便、成本低、见效快的技能内容进行培训。在岗培训的方式有师傅带徒弟、技艺传授、示范表演等形式。师傅带徒弟除用于培训新员工，在在职培训中也适用，可让优秀的技术人员、专业管理人员、生产骨干传帮带，以提高员工整体的工作效率。示范表演是请经验丰富、技术高超甚至身怀绝招的员工介绍操作方法，进行实地表演，并派技术熟练的员工，用一定的时间拜师学艺，并加以推广。技术传授是推广新技术、新方法，提高技术和管理水平的有效方法，对那些通过技术鉴定具备了提高农产品及其加工品的劳动生产率、降低成本、改进产品质量、改善劳动组织，减轻劳动强度、保障安全的先进技术、管理经验，利用此方法，可向一般员工尽快推广。大型企业在岗培训还可以采取岗位轮换形式，让所有员工都能熟练完成各项工作。

三是大型企业离岗技能培训。培训对象脱离工作岗位在一段时间内集中进行的培训。离岗培训一般在以下几种情况下进行：（1）当企业计划建新厂或其他新变革时都需要对有关员工进行离岗集中培训，以保证新工作、新技术、新制度的正常运行。（2）当有一部分员工进行换岗时，需要进行培训。（3）对于大型企业的急需人才，可以送员工到高校科研单位或国外进修培训。（4）正常的工作岗位人员的轮训。

四是企业文化的培育。它是大型企业长期发展中形成的企业价值标准、基本信念和行为规范。它不可能自发形成，需要组织有意识的培养和建设。所以，这方面的培养也成为企业培训的重要内容。形式可灵活多样，可在工作岗位中逐渐形成，也可通过举办培训班强化学习，还可通过各种形式的活动加以熏陶。

（三）大型企业管理人员的培训

活到老，学到老，还有一些学不到。因此，对管理人员和在职人员培训都是很有必要的。我国公务员系统对在职干部也有继续教育的规定。当然对于大型企业的高、中、低层管理者培训的侧重点不同。对于大型企业中、高层管理人员，他们的职责是对整个组织或整个部门的经营管理全面负责，其管理技能与行为态度对企业经营绩效影响重大。因此，中、高层管理人员很有必要定期与不定期参加相关培训。绝大多数高、中层管理人员都有丰富的经验和杰出的才能，通过培训要达到至少四点效果：一是让他们有效地运用经验，发挥他们的才能。二是让他们及时掌握企业外部环境、内部条件的变化。如组织他们学习新的政策法规，了解宏观经济政策与科技发展的方向与近况等。三是加强基本技能培训，例如怎样处理员工关系、会议的主持、管理分权等方面的技能。四是让他们帮助新员工迅速了解组织的经营战略、方针、目标、内外关系等，以使新员工们尽快适应新的工作。

对于大型企业基层管理人员，他们在组织中处于一个比较特殊的位置。既要代表组织的利益，又要代表下属员工的利益，很容易发生矛盾。如果他们没有一定的工作技能，工作就会难以开展。并且大多数基层管理人员过去都是从事业务性、事务性工作，没有管理经验。当其进入管理层次职位后，很有必要参加各类相关培训来快速获取必要的大型企业管理技能。

针对大型企业管理人员的主要培训做好两方面的工作：①大型企业管理人员的在职培训。对于管理者的在职培训主要有五种：一是有计划的升职。一个组织中，所有下级管理人员都是上一级职位的潜在接班人，能否及时提升，完全取决于每个人的工作成绩。升职后在新的工作岗位就是对管理者的能力的一种特别考验与培训。二是职位轮换制度。通过职位轮换，使管理人员在不同部门间换位，培养管理多面手，并且与组织内各部门的成员有更广泛的接触，从而使其保持对工作的敏感性和创造性及协作意识和团队精神。三是临时提升。当主管人员休假、生病、出差时，或某一职位出现空缺还没有安排合适的人选时，常将下一级或副手级管理者作为"代理"。这样，既安排好部门的工作，又为培训管理人员提供了机会。代理人员如能努力工作，抓住机会做决策、规划，承担全部的职责，就能够获得许多有益的工作经验，为下一步正式提升做好铺垫。四是委员会制度。企业各级各层成立"集体决策"机制，将管理人员吸收到委员会里来，可以使他们在集体决策团中接触有经验的主管人员，并且通过在委员会讨论问题，受训者可熟悉整个企业的各种事务，从而了解企业内不同部门之间的关系及各部门在相互接触中存在的问题，同时通过向委员会提交报告或建议，以锻炼其分析问题、解决问题的能力。五是辅导制度或帮带制度。管理集团中的成员分别对接下一级管理者，就是通常说的分管理哪些工作。规定"分管领导辅导下一级管理人员"为其职责的一部分，要制定切实的培训计划，使受训人员在完成工作任务的同时，提高能力。六是管理人员的岗外培训。这方面的培训主要有六种：一是管理者案例分析培训法。通过各种形式的案例分析、讨论，甚至要求受训人员独立撰写书面分析报告，从而培养他们解决问题的能力。二是管理者敏感性训练。在专家指导下进行敏感性训练可以提高受训人员的人际交往能力、组织能力、合作能力等。三是管理者交往风格培训。交往风格类型可划分为以下四种。控制欲望型：胆大、讲效率、果敢；分析型：办事耐心细致，但吹毛求疵和固执；好事型：有创新、思维敏捷，但不踏实；支持型：注意人际友好与和谐，原则不强，好好先生。通过对受训人员交往风格分析，使其了解全面的自我，从而扬长避短，提高综合管理素质。四是管理者成就需要培训。具有成就需要的管理者才会事业心强，敢于负责，管理人员的成就需要直接影响着组织的效绩，因而需要在这方面进行培训。通过成就需要的培训，使管理人员提高成就需要，为组织的发展提供长久的动力。五是管理者决策训练。让受训者熟练掌握大型企业的最优决策步骤选择和测定结果。六是管理者跨文化管理训练。很多大型企业都有进行跨国经营的战略，因此对管理者进行"跨文化管理训练"是很有远见的做法。

四、对加快大型企业员工培训工作发展的政府扶植对策

通过以上的研究表明，政府在对大型企业战略人力资源管理的员工培训职能方面，可以采取如下一些扶植措施：

（1）规范员工培训的社会培训机构管理。严格执行办学资质的认定，让企业员工培训的机构和培训讲师能够真正给企业员工带来培训收获。如果没有统一资质规定，培训效果太差，不仅浪费培训经费，而且人们会对培训工作的成本付出产生抵触。

（2）政府每年安排专业资金扶植和帮助企业对员工进行"继续教育"的培训工作，不断提升员工的素质和能力。

（3）企业用于员工培训工作所花费用可以用来冲抵部分企业税。从而提高大型企业对员工培训的动力，同时也减轻企业负担。

第九章　人力资源管理与企业可持续发展

第一节　人力资源管理与企业可持续发展概述

一、人力资源管理与经济可持续发展概述

首先，要了解何为经济可持续发展。所谓的经济可持续发展，实际上指的是在现有经济发展模式的基础上，实现人与环境、人与人之间的相互协调发展的过程，目前很多专家学者对企业经济可持续发展的难点和价值进行研究，认为必须对企业内部各类资源进行合理应用调配，并在国家调空、社会经济体制等因素的共同作用下才有可能实现可持续发展。比如，想要实现企业的经济可持续发展，就必须保证市场关系本身的平衡与稳定，同时适当调整优化产业结构、确保有限投入带来更大产出，特别是在现代化市场经济越来越成熟的今天，更是需要将人力资源放在最重要的位置上，了解我国人口变化特点，根据人口密集频繁流动、科学技术不断发展的现实情况，对人力资源的配置方法进行调整，从而确保企业经济可持续发展。其次，从某种意义上来说，人力资源管理是促进经济可持续发展的核心动力。企业经济发展离不开工作人员的努力与付出，想要实现企业经济可持续发展，就必须加强人力资源管理，让人力资源能够在企业经营中发挥源

动力，同步带动其他组织机构迈进新的发展阶段。换而言之，人力资源管理工作的质量决定了企业经济可持续发展的水平，在人力资源得到妥善应用和管理的基础上，企业才有继续参与市场经济竞争的动力和机会，才能实现可持续的、稳定高速的发展。第三，人力资源管理可以看作保障经济可持续发展的基本环节。人力资源是新时期企业经营发展过程中最重要的资源之一，相比于固定资产等，它具有更高的管理难度，当然也能够在提升企业工作和经营效率方面发挥更大的积极作用。从现实情况来看，人力资源的开发情况会影响到企业经济可持续发展效果，无论是在西方发达国家的资本主义经济条件下，还是在中国特色社会主义市场经济条件下，人力资源始终都扮演着不容忽视的重要角色，在今后的发展中企业方面务必认识到人力资源管理的必要价值。最后，人力资源管理可以作为促进经济可持续发展的催化剂。人力资源是否能够得到妥善开发及应用，决定了企业在复杂漫长的市场竞争中是否能脱颖而出。当然过度开发人力资源，也可能给经济发展带来负面影响，进一步平衡企业经济可持续发展与人力资源管理工作，是未来发展的重中之重。从整体上看，在企业经济发展过程中人是最为主要的因素，企业有关方面通过采取合理措施全面提升人力资源管理的水平对于促进经济发展起到至关重要的作用。因此，企业管理者应当高度重视，结合企业现阶段实际，采取有效的措施加强人力资源管理工作，辩证看待人力资源管理与经济发展之间的关系，全面提升企业的核心竞争力，让企业能够在激烈的市场竞争环境中得以生存。

二、企业人力资源管理现状

（一）人才匮乏

目前企业发展过程中，人力资源管理问题已经成为影响各大企业高速发展的重要因素，其中最为重要的表现形式就是人才匮乏。大部分的企业并不具备充足的优秀人才，致使人力资源管理过程中问题频繁出现。另外，还有部分企业进行人力资源管理时，优秀人才并没有得到重用，而是本着想来就来、想走就走的态度，部分具备较强创新能力的员工没有得到合理分配，员工受到了不公平的待遇从而产生了离职的情绪。

（二）不完善的绩效考核

部分企业进行人力资源管理时，仍然存在绩效管理不足的状况，由于部分企业对于绩效管理不够重视。针对内部员工进行考核时，所选择的指标相对比较单一，而绩效考核工作也不具备规范性，很容易导致考核过程中出现不公平的现象。另外，企业在管理过程中，所监理的管理制度和考核标准大多将其应用到员工是否完成了各项工作的派发和部署，但是对于员工在实际工作中的表现并没有进行有效的考核，也没有加大对员工个人需求和创新能力的考虑，其考核结果也没有与员工的实际工资水平挂钩，严重影响了绩效考核的应用价值，也很难充分发挥应有的作用。

（三）选拔机制缺少创新

目前企业在选择人才时，大部分通过内部培养或者外部招聘的方式来实现，还有一些企业会利用网络人才市场来发布企业的招聘信息，为企业选拔更优秀的人才。企业内部培养大多是利用考核的方式，对于企业员工的个人能力和综合素质进行考核，然后将其放到合适的岗位，以此来充分发挥员工的价值，为企业提供更优质的服务。

但是，利用外部招聘的方式，由于企业并不能够充分了解外部信息，经常会出现信息不对等的现象，致使选拔人才时经常会受到学历证书方面的限制，并没有真正了解部分人才的潜力，很难为企业选拔到真正优秀的人才，致使企业的整体发展能力较弱，很难满足现有工作岗位的需求。还有部分企业进行内部选拔时，考核制度不够完善，经常会出现人为干预的现象，造成企业内部人力资源的浪费，对企业的未来发展带来极大影响。

三、企业人力资源管理中存在的问题

人力资源管理与企业经济可持续发展之间有着千丝万缕的联系，保证企业人力资源管理工作质量，具有不可估量的现实意义，但是仅从目前来看，我国的部分企业在进行人力资源管理工作的过程中，确实存在许多不足之处。

（一）人资管理思想滞后

在引入现代化经营管理机制以后，越来越多的企业开始认识到人力资源管理工作的必要性，并且积极主动地调整原有的人力资源管理措施。但是这并不意味着企业的人力资源管理工作已经成熟，许多企业的管理层对人力资源管理的复杂性和重要性都没有概念。这导致了一系列问题，比如企业人力资源管理机制不成熟，没有设置专业化的人力资源管理流程，再比如一些企业对人力资源管理的重要性未进行有效宣传，导致工作人员将人力资源管理工作视若无物，认为只是面子工程而不重视，这都可能影响到企业人力资源管理工作的有效性。企业人资管理人员思想落后，也不利于企业内部管理水平的提升，对于企业可持续发展造成一定程度的阻碍。

（二）对人力资源管理缺乏科学长远的规划

企业人力资源管理工作本身具有一定的复杂性，在漫长的经营发展过程中，建立长期人力资源管理工作规划是保证人力资源得到有效开发的必然手段，但是很多企业过度关注短期内的经济效益，忽略了人力资源管理问题，并未制定人力资源的长远发展规划，而是将所有的工作精力都放在销售和业绩方面，最终必然会影响到人力资源管理工作的发展。与此同时，对于人力资源管理问题缺乏长远规划也不利于企业未来战略的制定以及实施，很难全面提升企业的内部管理能力，导致企业在发展过程中缺乏凝聚力，阻碍企业的转型升级。

（三）激励机制不完善

人力资源管理工作包括多方面内容，想要提升工作人员的积极性，必须采取措施进行人员激励，但是很多企业并没有认识到激励机制的重要性，导致了不同程度上的问题。比如从物质激励的角度来说，一些企业管理层没能把握住平衡与公平原则，给不同职能部门和不同岗位的工作人员提供的物质奖励截然不同，一些部门的工作人员能获得节假日福利、旅游奖及职位晋升等奖励，但是另一些部门的工作人员只能获得数量不多的奖金，这种不平衡、不公平必然会影响到工作人员积极工作的热情。再比如，许多企业没能考虑到工作人员本身对激励内容的需求，比如一些基层岗位的工作人员往往对奖金、薪酬待遇方面的奖励感兴趣，他们更愿意通过劳动获得更多的收入，从而达到提升生活水平的目标，但是企业方面未能考虑实际情况，在某个部门业绩突出的情况下，选择组织团建活动等方式进行激励，虽然出发点毫无问题，但最终的效果可想而知，非但无法提升工作人员的积极性，还可能因为占用周末时间而引起反感。不难看出，目前很多企业在人力资源管理方面并没有建立科学化体制，激励制度的不合理恰恰是由此而来，尽快调整人力资源管理工作措施势在必行。

（四）人力资源分配缺乏合理性

企业的人力资源管理工作具有一定的难度，必须对现有的人力资源进行妥善分配，才能让每一个工作人员都发挥出应有的作用。然而许多企业在人力资源分配过程中，忽略了工作人员本身综合能力及特长优势等要素，盲目进行岗位分配，导致人力资源浪费、工作质量得不到提升等一系列问题。还有一部分企业过度重视人员专业能力和水平，只关注工作人员的专业方向，忽略了上下级关系、同事关系等问题对人力资源质量的影响，导致一部分工作人员因此类因素失去了工作积极性，这也会影响企业的可持续发展。从整体上看，企业在实际发展过程中应当采取有效措施不断提高员工的综合素质，为员工积极营造公平公正的发展环境，进一步提高人力资源管理工作的实际水平，让员工能够以轻松愉快的心态投入到各项工作中。

（五）企业人才选拔机制缺少创新

目前企业常见的人力资源来源主要包括内部培养和外部招聘两种渠道，其中外部招聘指的是通过网络、人才市场等方式发布企业招聘信息，并对应聘者进行筛选的方式；而内部培养指的是通过科学的考核方式对工作人员的能力、素质等进行考核，并将之安排到恰当岗位的方式。这两种选拔方法都具有一定的现实意义，但是在企业未能了解外部信息，信息不对称的情况下，通过这样的方式进行人才选拔，很难取得应有的效果，最终必然会影响到人力资源管理工作的水准，对企业经济可持续发展十分不利。与此同时，人才选拔机制缺乏创新会导致企业发展过程中后备力量不足，严重影响企业未来发展规划，让企业很难在激烈的市场竞争环境中得以立足。

第二节　人力资源管理与企业可持续发展的关系

一、人力资源管理与经济可持续发展的关系

（一）经济发展需要人力资源的支持

为了顺利达到经济可持续增长的目的，就需要满足以下几点要求。即，优化企业产业结构、实现市场供求平衡、低投入与高产量。在实际发展过程中，这三者都离不开人才，也就是说要真正实现经济水平的可持续增长，就需要充分利用人力资源管理作为支撑。

通过采取切实有效的管理对策，实现经济的高质量发展，为未来企业的经营管理创造更有利的条件。从经济学角度来看，企业进行有效的人力资源管理，能够有效减少供不应求等影响经济未来发展现象的出现，可以在无形之中规避经济风险，最大限度地维护市场的稳定局面，同时也是促进我国经济可持续发展的重要措施。从社会层面来看，实现经济的可持续发展能够确保与自然生态形成和平共处，达成发展低碳经济的目的，为人

们后续的生存提供更好的条件。

（二）开展人力资源管理可促进经济发展

现如今，社会经济水平持续增长，人们的物质文明和精神文明都得到了极大的发展，社会发展与人力资源管理之间有着非常紧密的联系，通过采取切实有效的人力资源管理措施，不仅能够促进企业增长速度，还能更好地改善人们的生活水平。所以，企业在发展过程中需要建立更加健全的人才队伍，为经济发展打下良好的基础。通过对国内外的发展状况进行研究分析可以发现，在社会发展过程中，最为关键的要素就是人才，而且其需求量不断增长，主要是由于不论是企业还是事业单位，人才的质量和数量都是直接决定经济发展水平的关键因素。因此在社会发展过程中，需要进一步明确人力资源管理和经济发展之间的关系，进一步确定人才对于未来经济发展的重要意义，通过采取切实有效的培训手段和管理方式，为社会培养更多的优秀人才，以此来促进社会的高质量发展。

（三）二者相互促进

首先，通过高水平的人力资源管理能够切实提高企业的综合效益，只有针对人力资源进行有效的开发和利用，吸引更多的优秀人才，才能够为企业的未来发展打下良好的基础，同时充分发挥优秀人才的应用价值。

其次，企业在发展过程中获得的经济利益，也能够将其应用到人力资源管理层面，企业发展过程中获得的经济效益以及企业的管理能力，都能够促进人力资源管理模式的进一步创新和完善，如果企业在发展过程中，并没有充分发挥人才的重要价值，帮助企业获得更大的经济利益，也会影响到企业的未来发展。同时，如果企业发展过程中并没有获得足够的经济利益，企业也很难留住优秀的人才，从而产生人才的流失，影响到企业的未来发展。

所以，企业在发展过程中需要明确人力资源管理和企业经济利益增长之间的关系，妥善处理两者之间的关系，确保企业在新时代背景下获得更有利的地位，这也是保证企业实现长远发展的关键。通过对人力资源管理进行有效的开发利用，确保人力资源管理部门中企业员工有效的配合和调度，进一步优化企业产业结构，在日常经营中获得更优秀的人才，确保企业能够在激烈的市场竞争中一直保持正向的经济增长。

二、人力资源管理与企业可持续发展的联系

人才是企业发展的第一生产力，过硬的人才保障是企业发展的动力，只有企业的每一成员都符合企业发展的需求，具有符合企业发展要求的专业能力和专业技术，并能够坚守岗位、兢兢业业，企业才能可持续地、健康地发展和进步。而人力资源就是企业在发展和运营的过程中为了实现企业的发展目标而开展的人才培养和选拔以及对各项活动的计划、组织和管控的管理中心。企业的发展和经营离不开人力资源管理的协助和支持，其通过对人才的培养和人力资源的开发能够有效地为企业发展创造财富，促进人才的主观能动性，使企业实现并保持可持续的发展。人力资源管理的工作内容包括招聘录用、员工培训和绩效考核等，而人力资源就是创造生产力、优化生产力的源泉和基础。可以说人力资源管理是企业可持续发展的保障，是为企业发展和进步培育具有针对性专业人才的重要工作。因此，企业若想在日新月异的市场竞争中获得一席之位，就必须提升对人力资源管理的重视，努力强化人力资源管理的工作效率和工作质量，使人力资源能够为企业的可持续发展提供充分的人才保障。当今时代，人才生产力决定着企业的发展前途，人才、知识、科技是企业发展的关键，只有发展好人力资源管理，才能满足企业在这些方面的需求，才能保障企业的可持续发展和经济增长。

企业人力资源管理应为企业经济效益的提高服务。企业人力资源管理的合理性和有效性关系到企业能否取得更好的经济效益。目前市场竞争十分激烈，为了取得更多的经济效益并求得发展，企业最重要的任务就是把握好、培养好新型人才。人才的培养又要依赖人力资源管理部门来完成，所以，企业应该重视对企业资源管理部门的构建，发挥人力资源管理对企

业经济效益的有利影响。在企业发展中，要处理好人力资源管理及企业发展规划之间的关系，对企业发展目标、人才培养等方面做出合理的规划与管理，从根源上提高企业的竞争力，从而获得更大的经济效益。

人力资源管理与企业经济效益之间相互影响、相互作用。企业的经济发展与人力资源管理工作有着直接的联系。一方面，人力资源管理能够为企业的可持续发展奠定良好的基础条件，企业只有做好人力资源开发的工作，才能吸收更多的人才，培养更多对企业有意义的人，也就会最大限度地发挥职工的作用。另一方面，企业的经济效益也会对人力资源管理工作产生直接的影响，如果企业的实际发展情况达不到预期，那么企业就会留不住人才，导致人才流失，最终会使企业的发展面临诸多问题。所以，如何对企业发展和人力资源管理之间的关系进行有效且合理的处理是企业需要迫切关注的一个问题，这也是促进企业市场竞争力不断提升的重要保障。

三、人力资源管理与企业经济可持续发展思路

人力资源是企业经营发展过程中最重要的资源之一，保证人力资源管理工作质量，是确保企业在复杂的市场条件下赢得竞争的必然选择，也是企业在未来一段时间内实现经济可持续发展目标的重要手段。但是从实际情况来看，目前很多企业的人力资源管理工作都存在人力资源管理缺乏科学长远的规划、激励机制不完善、人力资源分配缺乏合理性等方面的问题，很难在企业改革和市场发展的情况下保持稳定发展。为了解决这一问题，结合具体的人力资源管理工作，对人力资源管理与企业经济可持续发展思路进行如下研究。

（一）建立完善的企业人力资源管理体系

人力资源管理工作是否能取得实质性成果、企业经济可持续发展是否能落到实处，很大程度上取决于企业人力资源管理体系建设情况，在保证企业人力资源管理体系建设质量的基础上，企业人力资源才会趋于稳定，

企业人力资源管理手段的公平、公正性才能得到保障，企业的经营效益也才能得到有效保障，我国的企业经济可持续发展才能落到实处。而想要加强企业人力资源管理体系建设工作，就必须从以下几方面入手。第一，要制定完善的企业人力资源管理制度。没有规矩不成方圆，进行人力资源管理，离不开各种内部管理条例的支持，应结合不同部门的实际工作情况、人力资源管理情况等，建立恰当的人力资源管理制度，确保人力资源管理能够发挥应有作用。第二，要做好人力资源管理监管工作，在制度内容的框架下，进行人力资源管理情况分析，保证人力资源管理手段的全面、完善性。同时，还需要将人力资源管理监管的责任理顺，明确不同部门在人力资源管理过程中发挥的作用，避免互相推诿、不承担责任的问题，严格遵守规范、公正、文明的原则开展工作。第三，要尽快优化企业文化，将人力资源管理情况监管工作与企业文化融为一体，让开展优质人力资源管理工作的积极意义成为所有工作人员的共识，从根本上为企业人力资源管理及经济可持续发展提供保证。从整体上看，建立人力资源管理体系，能够让企业管理者及时了解企业的生产经营过程，通过人力资源管理体系能够进一步提高全体员工的综合素质，加强领导层对于企业的掌控力度，对于企业的进一步发展将起到至关重要的作用。在完善人力资源管理体系的过程中，企业管理者应当积极听取各方面的意见及建议，不断改进传统管理模式，通过建立完善的人力资源管理体系，进一步提高人力资源管理工作的实际水平，为企业可持续发展奠定坚实基础。

（二）建立企业员工流失预警机制

在现代化企业经营过程中，企业的人力资源具有一定的流动性，企业内员工和个别核心员工出现一定数量的流失，是十分正常的现象，但是如果在短时间内出现巨大的人才流失，就会给企业带来不可估量的负面影响，甚至直接影响到企业的正常运行，在这种情况下，企业方面必须结合自身发展需求、业务密度等，设定员工流失的安全系数。而企业的人力资源部门则需要在此基础上设立员工流失预警机制，对企业的人力资源状况进行动态分析和管理，对员工流失情况进行管理，在发现员工流失超过安全系数的情况下，第一时间作出判断并将人力资源的情况通报企业高层，以便于企业高层及时采取应对之策，避免员工流失带来的一系列问题，同时还需要预防核心员工的流失带来的后续问题，避免核心员工从企业带走其他员工，为企业长远发展打下基础。

（三）创新人资管理观念

企业是人力资源管理的主体，想要实现人力资源管理与经济可持续发展目标，就必须从人力资源管理理念入手进行调整与创新，以最优质的人力资源管理理念，为实践提供指导和支持，只有这样才能确保每个工作人员都能在自己适当的工作岗位上发光发热，共同为企业的长远发展打下坚实的基础。在今后的工作中，企业的人力资源管理部门要根据实际情况，建立具备导向性的人力资源管理模式，以企业的长远发展目标为切入点，优化现有的人力资源管理理念，学习和引进先进的人力资源管理方法，激发人力资源管理人员的工作热情，在团队互助的基础上做好新时期的人力资源管理工作。

（四）健全企业的人才选拔与使用机制

人力资源管理工作包括多方面内容，而对人才进行选拔是人力资源管理工作的重中之重，然而问题在于目前很多企业都没有认识到人力资源筛选的重要性，在需要开拓新业务时，选择从内部选派员工来负责新业务，却没有考虑到新业务的特性等问题，这样简单的人力资源配置方法，显然不符合新时期企业经济可持续发展的要求，甚至可能影响到新业务的正常进行。想要解决这个问题，必须从健全企业的人才选拔与使用机制入手。第一，企业的管理者应对市场经济条件下的竞争压力有所了解，并以拔得头筹为根本目标，推动人力资源管理创新，通过优化现有人才筛选机制选拔为企业效力的人才。同时，要对人力资源筛选标准进行细化，严格遵守任人唯贤的原则，避免凭关系"走后门"等问题。第二，要在人力资源筛选过程中设置试用期，有一部分工作岗位本身具有长效性，工作人员的综合素质并不能在短时间内体现出来，仅仅根据面试的结果并不能确定应聘人员的综合能力，而通过设置试用期则能够准确细致地观察工作人员对岗位的适应能力及工作能力，若发现其工作能力不匹配，可按照法律法规的要求解除劳动关系。第三，要考虑到工作人员的综合素质，在市场经济越来越成熟的今天，企业面临的挑战越来越多，岗位多样性和业务多样性与日俱增，因此还需要在健全企业人才选拔与使用机制的过程中，加强人才能力的多样性考察，在选聘工作人员的时候，除了考虑其在专业方向上的能力以外，还需要考虑其是否具有其他方面的突出技能，以便于其能够在入职后更好地适应多项工作要求，在有必要的情况下配置到其他岗位。第四，进行人力资源内部选聘的过程中，要认识到现代化企业人才的选拔工作的特点，调整原有的人力资源选拔模式，在确定不同岗位对工作人员的需求的基础上，确定待选拔人才培养方案，为工作人员提供一定的培养和支持，在此基础上进行集中选拔，选择能力最适配的工作人员进行入职和提拔，从根本上保证企业人才选拔与使用机制的合理性。

（五）建立完善的企业员工培训机制

企业人力资源管理工作不仅仅包括选拔招聘，加强工作人员的培训也是保证人力资源质量的有效手段。目前越来越多的企业开始认识到人力资源建设的重要性，并建立了行之有效的人员的培训和教育工作方案，在一定程度上提升了企业人力资源质量。因此在今后的发展中，企业方面应进一步优化人力资源的培训模式，建立健全人才培训体系，按步骤、有计划地开展人力资源培训，着重提升工作人员的专业素质，使之在自身的工作岗位上发挥更大的作用。在建立企业员工培训机制的过程中，应充分考虑企业长远发展目标及短期发展计划，并从人力、物力与资金等方面分别入手，为人力资源培训活动提供支持，确保人力资源培训顺利进行。另外，应着重做好人力资源培训以后的阶段性考核工作，对接受培训的工作人员进行后续的考核，确定他们是否在培训中有所收获，对拒不参加培训活动、在培训活动中应付了事的员工，应及时进行约谈，必要时可解除劳动关系，避免企业人力资源整体水平下降。

（六）建立健全的人才激励约束机制

企业人力资源管理工作是否能取得应有的效果，很大程度上取决于人力资源激励机制的合理性。确保激励约束机制的完善程度，是保证企业良性发展的必然选择。所谓的激励约束机制实际上指的是奖励与惩罚并重的双重管理体系，能够从正向激励和反向约束方面分别入手，让工作人员以认真负责的态度参与日常工作，保证企业经济可持续发展目标的落实。在今后的发展中，企业方面要打破传统人力资源管理理念的限制，根据员工的实际情况、具体需求，提供具有吸引力的激励措施，丰富激励机制的内容和形式。比如，要考虑不同岗位、不同收入的工作人员的需求，对已经有一定物质基础的部门经理等，一般不能只从薪资和奖金方面入手进行激励，而是要采取物质激励和精神激励并行的方法进行激励，只有这样才能使之有为之奋斗的目标。另外，还需要加强与员工的沟通，对月度或年度绩效评价结果比较差的员工进行谈话，秉持认真了解的态度明确其近段时间工作质量下降的原因，并为其提供行之有效的帮助，从而确保人力资源管理工作的人性化。同时，要考虑到激励约束机制的"约束"问题，严格遵守企业人力资源管理及日常工作制度，要求每个工作人员都遵守制度内容进行工作，对违反制度要求的员工进行处理，通过约谈等方式进行警示，确保工作人员能够端正态度、顺利完成工作任务。

（七）加大人力资源的监督管理力度

除了上文已经提到过的几方面措施之外，想要加强人力资源管理、实现企业经济可持续发展，还需要从加大人力资源的监督管理力度入手，确保每一个人力资源管理制度内容都能落到实处。比如，可以安排专门的工作人员对不同部门的日常生产经营行为进行监督，对产品质量、服务水平等进行监管，及时发现工作人员在生产服务过程中存在的态度问题和能力问题，定期进行总结上报，并将此类结果和绩效考核结果相挂钩，确保人力资源监督的有效性。除此之外，还需要保证人力资源监督的公正性和合规性，现代企业的人力资源管理最重要的就是要统一标准、公开透明，因此在接收到人力资源监督报告以后，应由企业管理层召集各部门负责人，对人力资源监督报告内容进行核实论证，确认与实际情况无差的情况下，才能按照激励约束制度的有关内容进行处理，只有这样才能避免因公谋私导致的恶意上报，确保企业人力资源管理工作质量，使之在推动企业经济可持续发展的过程中发挥应有的作用。

第三节　人力资源管理与企业可持续发展对策

一、提升人力资源管理水平，促进经济可持续发展的措施

（一）注重宏观调控

要全面提升人力资源管理水平，就需要市场和政府部门共同合作，通过完善法律制度，颁布相关政策来引导市场发展，为企业人力资源管理工作提供有效参考。而市场则应该结合经济发展的规律，以及现实状况进行宏观调控，以此来促进经济的未来发展。

通过建立完善的管理机制，保证经济发展水平，现如今我国人力资源管理相关方面的法律法规体系并不完善，也会对人力资源管理的未来发展产生一定影响，同时也是未来经济发展的重要阻碍。所以，相关部门需要对这一方面的内容进行不断的改进和完善，也需要通过完善管理机制对市场进行调控，确保人力资源管理和经济发展实现平衡，以此来保证企业的未来发展水平。通过采取切实有效的宏观调控，实现人力资源的优化配置，以此得到高水平的回报，保证经济的高质量发展。

（二）柔性管理

经济的未来发展需要更多优秀人才，充分借助优秀人才的力量来推动经济的稳步增长，同时也需要使用人力资源管理来留住人才，发挥人才的

应用价值。在我国经济新常态背景下，为员工提供更多学习的平台和空间，来转变传统刚性管理所带来的局限性，进一步创新人才培养策略，也是目前人力资源管理的重要途径。为了能够确保这一目标的顺利实现，还需要各个企业和单位共同合作，通过采取柔性管理方式对员工使用人性化的管理理念，以此来激发员工的工作热情，促使员工能够更加积极主动地为企业提供服务，贡献自己的力量。

进行柔性管理主要就是严格按照以人为本的原则，特别是在人力资源管理层面，更应该充分发挥以人为本的态度。要实现经济水平的高质量增长，就应该确保在管理过程中充分相信员工、尊重员工、引导员工，鼓励他们能够在自身的本职岗位上贡献自己的力量，有效避免传统管理理念下的得过且过作风。另外，还需要充分发挥激励机制的应用价值，鼓励员工更加积极主动地投入学习。为员工提供更多的培训机会、进修空间，给予员工精神物质方面的双重奖励。只有不断肯定员工为员工提供更加广阔的发展空间，才能够促使员工快速成才，从而为经济的未来发展打下良好的人才基础。

（三）完善员工培训机制

企业要实现长远发展，就必须加大人才建设，企业内部就需要通过建立完善的管理制度，为员工提供更加广阔的教育培训平台，从而保证企业未来发展能够拥有充足的人力资源。

企业在发展过程中应结合人力资源现状，加大员工培训力度，建立完善的培训机制，有目的有计划地组织员工进行培训，以此来提高企业员工的综合素质水平，确保员工能够符合企业岗位需求，为人才的发展和壮大提供更有力的支撑。

建立更加有效的培训机制，能够为企业培养更多的优秀人才，促使企业内部工作人员的素质得到全面提升，以此来解决日常工作中的不足。结合企业未来发展的战略目标，制定科学合理的培训计划，同时加大人力物力的投入力度，确保培训工作的顺利进行，结合企业的实际状况，例如专业能力、部门工作状况、学历水平等，进行针对性的教育和培训，以此来提高培训工作的实效性。最后，还应该进一步加大企业培训工作的规范化和标准化管理，通过采取切实有效的培训措施，保证培训目标的顺利实现，以此来提高企业内部工作人员的工作效率，确保企业未来发展战略目标得以实现。

（四）建立激励机制

要从根本上提高人力资源管理水平，还需要进一步建立完善的激励机制，在当前时代背景下掌握切实有效的激励方式，是企业每一位人力资源管理者需要重点研究的课题，确保建立的激励机制能够更贴近员工的生活，特别是贴近员工的家庭状态，结合员工的实际情况给予精神和物质方面的奖励。只有将这两个方面的激励进行全面结合，才能够凸显出员工的价值。

其中，薪酬制度是结合市场规律建立的更加合理的分配制度，不同的岗位所承担的工作量与员工的实际薪酬状况直接挂钩。另外，在特殊状态下，企业还可以积极推动绩效考核，其目的就是为了能够更好地激发员工的积极性和主动性，为企业创造更大的价值，同时还能够将企业的利润转化为薪水，合理分配给不同员工。进行物质激励时，还可以将一部分应用于企业领导对于员工及其家庭的物质关怀和奖励，确保企业员工在自己的工作岗位上能够更好地贡献自己的力量，提供展示自己的平台，给予员工足够的关怀和尊重，为员工创造成长的空间，从而激发企业员工的自信心和认同感。

二、人力资源管理在企业可持续发展中的作用

（一）人力资源管理为企业可持续发展奠定基础

我国经济的发展正处于转型阶段，若想要保证经济的可持续发展就必须提高对企业的经营和管理效率，利用企业经济的发展推动整体经济的可持续发展。而企业的发展和进步依靠的是企业内部结构的优化、市场供求关系的稳定和平衡以及投入和输出的正常发展比例。这些方面需要企业在经营和管理过程中保持充分的平衡和稳定，才能确保企业经济一直处于健康的、可持续的发展状态，才能有效地推动整体经济的进步趋势。而企业

的这些内容均与人力资源的管理密切相关，企业的发展离不开人才的协助，而充足的人力和物力是促进企业经济持续发展、推动企业健康经营的基础。因此，科学合理地发挥人力资源管理在企业经济发展过程中的重要作用，不仅能够有效地规避风险，而且还能使企业具有抵抗经济危机的力量，进而在千变万化的市场竞争中占据重要地位，促进企业的经济效益，增强国家经济增长的动力。

人力资源管理是企业发展的大后方，是企业经营、管理、进步的基础和保障。而人才培训是人力资源在推动企业发展中最有效的手段和方法。企业资源是保障企业发展和进步的基础，而人才的需求是企业发展的动力，企业若想不断提升经济增长效率，就必须保证各个岗位上的员工具有符合企业发展需求的素质、能力和思想觉悟、职业道德。因此，提升企业员工的素质、文化、技能是增强企业发展动力的直接手段。人力资源管理不仅能够促进员工与企业的和谐相处，而且还能提升员工与企业发展的契合度，使各个岗位的人才更加专业化。通过人力资源的管理，企业员工能够快速成长，成为符合企业发展需求的动力源泉，满足社会快速发展的洪流下企业发展对人才的需求。进而避免员工自身能力与企业发展速度不匹配的事情出现，实现企业的快速进步和与时俱进。

（二）促进人才专业化，推动企业经济发展

企业经济是我国经济可持续发展的重要支柱。人力资源管理是为企业发展提供专业人才的重要渠道，是为企业搭建入职匹配工作的关键环节。随着现代化经济的不断发展和改变，社会的发展日新月异，对于人才的要求也越来越高，高素质、综合型人才是各个企业竞相争抢的优质资源。因此，为了能够有效促进国家经济的可持续发展，企业应该紧跟时代发展的速度，紧跟市场的变化、掌握市场需求的动态，从而把握机遇，提升人才的培养和选拔，为企业的发展提供专业化的优质人才。但是，企业在发展过程中很难快速且精准地在众多社会发展方向中找到优异、专业对口、符合企业发展理念的人才。因此，加强人力资源管理显得尤其重要，人力资源需要在选拔和任用人才时确定这些人才与企业发展是否一致，是否能够符合企业发展需求、胜任岗位工作。所以，人力资源管理需要在人才选拔过程中充分地发挥作用，为企业找到正确的、具有价值的、能够为企业发展带来帮助的人才。人才的选拔和培训是企业发展的关键环节，也是人力资源管理在经济可持续发展中的重要意义所在。人力资源可以通过对不同岗位的需求选拔出符合的人才，并针对企业发展理念和需求统一对这些人才进行培训、教育，在培训中找到每一位成员的价值和闪光点，充分地利用并挖掘成员的价值，增强成员的岗位专业化，推动人才在企业发展中表现出的能动力。进而使企业能够在人才辈出的大环境下拥有充足的人才生产力，快速成长为一个良性的、竞争性强的发展平台，推动我国经济的可持续发展和进步。

三、提升人力资源管理推动企业可持续发展的策略

（一）优化人力资源管理体制

人力资源管理的效率和质量是影响企业发展和经济效益的关键因素，只有具有规范的、科学的、系统的管理体制，人力资源才能为企业的发展贡献最大的力量，才能全面地推动企业经济增长与发展。

首先，优化人力资源人才培养模式，创新培养理念，为企业发展培养出符合社会发展的复合型和综合型的人才。

人力资源在培养人才的过程中要对培养方案、战略规划和招聘计划等工作内容进行详细的部署和系统的规划，根据企业发展的实际情况认真地了解和分析目前阶段企业需要怎样的人才，然后在人才招聘上有目标、有方向地进行招聘，或者是合理地规划如何将员工培养成企业发展所需的人才，实现企业员工的自身价值。进而通过人力资源的培养和协助为企业发展在人才质量和数量上的需求提供一定的保障和基础，为企业实现可持续发展的战略目标和工作开展方向提供可靠的人才资源的支持。另外，人力

资源不仅要为企业当前的发展提供人才资源，成为保障企业可持续发展的基础。还需要对企业的发展进行全面、透彻的分析，充分地了解和探究企业未来发展的方向和目标，提前为企业储备人才资源，为企业的进一步发展和进步奠定基础和提供保障。因此，人力资源需要建立完善的人力资源培养体系，对选拔出的员工进行知识技能和综合素养的培养和训练，将人力资源建立成完善的、全面的人才培养梯队，为企业的公平竞争和全面发展提供充分的资源、建立完善的制度体系。

例如，建立具有竞争性的薪酬体系，促进员工的工作积极性和热情，并稳定员工的队伍质量、提高工作效率，为更加优秀的人才提供更加符合其自身价值和实力的工作平台。充分地调动企业员工在工作中的能动性和责任心，使更加合适的人站在适合的工作岗位上，为企业战略目标的达成提供保障和条件。

其次，改变传统的人力资源管理观念，加强新兴领域的人才培养。我国经济的可持续发展主要目标就是强化绿色发展理念，低碳、生态和环保的理念是当前我国发展的主要方向，也是推动经济转型和发展的重要目标。而企业发展也应该顺应国家发展的整体理念，加强在新兴领域上的发展，不断创新形式提升人力资源在人才基础上的管理和经营，使其能够在企业的整体经营管理中发挥重要的作用，引导企业向着更加具有可持续发展可能性的方向进步。因此，改变企业传统的管理模式，不断创新和改革企业的发展理念与模式，吸取先进企业管理的经验和教训，增强员工对企业的责任感，强化以人为本的员工管理理念，构建出更加科学、先进、符合时代发展理念的人力资源管理部门。

而在人力资源管理部门的创新和改革的过程中需要具有政府的支持和调控，从而促进新型人力资源管理模式的长足发展。人力资源管理在企业发展中占据着非常重要的地位，其不仅包括简单的人才选拔和人才培养，还包括为企业未来的发展储备人才。所以，人力资源管理需要清晰企业发展的方向，思想、眼界都需要走在企业发展的前面，紧跟市场需求，才能在企业发展过程中进行人才的细化研究和培养。但是，人力资源管理的创新、发展和改革需要有政府的调控，只有政府才具备足够的人力、物力和财力保障市场需求的稳定性。所以，人力资源管理若想稳定发展、实现创新，政府的支持和调控必不可少。

最后，建立完善的思想教育体系。随着社会的发展和进步，社会对人才的要求越来越高，人力资源在工作内容和工作模式上也需要不断地创新和改革，要具有新形式、新方法和新理念。但是，当前企业的人力资源在人才培养中缺少一定的创新意识，尤其是在企业员工的思想、品质和综合素质培养中仍旧坚持传统工作方式，对于员工的思想政治工作教育多为"一刀切"，缺少针对性、个体性以及创新性。企业员工在思想教育上的缺失会影响到企业的发展进度，员工工作不够积极，对于企业的经济利益和形象管理不负责等现象，均是人力资源管理在人才培养过程中缺少思想教育的结果和弊端。因此，强化人力资源在企业发展过程中对员工的思想教育，能够有效地提升员工的职业素养和责任意识，使企业员工能够在工作岗位上更加尽职尽责，将企业的利益和发展作为目标和首要任务。

在完善思想教育体系的过程中要创新标准，人力资源管理的对象是员工，每一个员工都有自己的独特性，因此在针对每一个员工进行思想政治工作时，需要具有不同的标准，要灵活地进行因材施教。且同一个员工在不同时期也要使用不同的教育标准。第一，创新方法。当前社会竞争压力大，员工的心理素质比较薄弱，因此人力资源管理在协调员工问题，进行思想政治工作时就不能太强硬、严厉，而是要委婉、耐心地与他们交流，寻找问题的根源，公平公正地解决问题。第二，创新思想。思想政治工作要具有实时性和创新性，因此人力资源管理人在进行工作时要采取多样、灵活的方式方法，让思想政治工作能够以有趣、吸引人心的方式开展，而不能墨守成规、"一刀切"。

（二）贯彻以人为本的发展理念，增加员工的幸福指数

随着社会的不断发展和变革，以人为本、柔性管理模式逐渐成为每一

个企业和经济领域的发展基础。企业若想不断进步、经济效益不断提升，就必须保证对人才的需求，减少人才的流失。而提升员工的幸福指数，为员工提供更加优质、更加开阔的发展空间是柔性管理措施的主要方法。

　　人才的流失是影响企业发展的重要问题，对企业的稳定发展和企业信息安全保障有着极大的威胁。而人才流失的重要原因就是企业在发展过程中没有平衡好员工与企业的劳动关系。为此，企业若想避免人才流失带来的巨大威胁，就必须稳定员工与企业的劳动关系和利益，提升企业员工的幸福指数，加强对员工的个人状态的重视，及时对员工的困难进行解决。以此提升员工在企业工作中的幸福指数和信赖指数，提升企业凝聚力。例如，一些企业员工家庭条件比较困难，在企业工作期间可能会有跳槽的想法或者是寻找能给予更好待遇的谋生，对于这样的员工，人力资源管理为了减少人才的流失，需要切实地了解员工的真实需求，在薪资上给予员工最大限度的支持和鼓励，降低员工的经济压力问题；还有的员工可能在企业工作很久后得不到进一步的升职和工作提升，就会对现有的工作存在厌倦或者是感觉自身价值得不到更好发挥，进而选择离职。因此，企业的人力资源需要及时作出对员工的个人规划，尽量满足员工的价值需求，增强员工的工作动力和进取心。例如，通过外出学习、培训或者是出国深造的机会提升员工的自身价值，稳定企业与员工的和谐关系。

　　在当前的社会背景下，以人为本的管理原则和管理模式是企业发展的重要途径，在企业发展过程中人力资源需要充分地协调企业和员工之间的管理与相处模式，要尊重、信任员工，要为员工提供更利于其发展和进步的环境条件，给予其最大的鼓励和引导，使员工不断提升自身价值和能力，进而推动企业经济效益的增长，避免人才的流失和浪费。企业要为员工提供尽可能大的发展空间，使员工能够在人力资源管理的协助下充分地发挥自身的能动性，将自身的价值、能力和才智充分地挖掘出来，为企业的发展、经营和成长贡献最大的力量。

参 考 文 献

[1] 李志红著. 人力资源管理外包决策研究 [M]. 北京：首都经济贸易大学出版社，2023.01.

[2] 邵丹萍著. 社会责任型人力资源管理理论和实践研究 [M]. 北京：九州出版社，2022.12.

[3] 徐大丰，范文锋，牛海燕编. 人力资源管理信息系统 [M]. 北京：首都经济贸易大学出版社，2022.10.

[4] 李清，谢诗明编. 中国创新药人力资源管理 [M]. 杭州：浙江大学出版社，2022.08.

[5] 陈英耀主编. 医院人力资源管理 [M]. 北京：中国协和医科大学出版社，2022.07.

[6] 梁金如著. 人力资源优化管理与创新研究 [M]. 北京：北京工业大学出版社，2022.07.

[7] 钱玉竺著. 现代企业人力资源管理理论与创新发展研究 [M]. 南方传媒；广州：广东人民出版社，2022.06.

[8] 王莹，李蕊，温毓敏著. 企业财务管理与现代人力资源服务 [M]. 长春：吉林出版集团股份有限公司；全国百佳出版社，2022.06.

[9] 陈宁著. 基于组织绩效建设的高校人力资源管理优化策略研究 [M]. 长春：吉林大学出版社，2022.05.

[10] 南锐，欧阳帆主编 . 应急人力资源开发与管理 [M]. 北京：应急管理出版社，2022.05.

[11] 杨云，朱宏编；保继刚总主编 . 旅游企业人力资源管理 [M]. 广州：中山大学出版社，2022.03.

[12] 范围，白永亮主编 . 人力资源管理理论与实务 [M]. 北京：首都经济贸易大学出版社，2022.02.

[13] 焦艳芳著 . 人力资源管理理论研究与大数据应用 [M]. 北京：北京工业大学出版社，2022.01.

[14] 雷松松，袁玲艳，毕海平著 . 人力资源管理战略与实践创新 [M]. 北京：线装书局，2022.

[15] 褚吉瑞，邵曦著 . 企业人才培养与现代人力资源管理 [M]. 长春：吉林文史出版社，2022.01.

[16] 彭剑锋主编 . 人力资源管理概论 第三版 [M]. 上海：复旦大学出版社，2018.11.

[17] 马海刚著 . HR+ 数字化 人力资源管理认知升级与系统创新 [M]. 北京：中国人民大学出版社，2021.12.

[18] 莫山 . 浅谈新时代企业人力资源管理与经济可持续发展 [J]. 中国集体经济，2023（17）：100–102.

[19] 李姝 . 探析人力资源管理与经济可持续发展关系 [J]. 经济与社会发展研究，2023（17）：153–156.

[20] 王文军 . 人力资源管理与经济可持续发展的关联性分析 [J]. 中国管理信息化，2023（07）：132–134.

[21] 邓丽娇 . 试论人力资源管理与企业经济可持续发展思路 [J]. 全国流通经济，2023（05）：105–108.

[22] 张静 . 精细化人力资源管理对集团企业可持续发展的意义 [J]. 经济技术协作信息，2023（04）：43–45.

[23] 刘瑞雪 . 人力资源管理与经济可持续发展的分析 [J]. 现代经济信息，

2023（04）：158-160.

[24] 郑凤丽. 企业人力资源管理与经济可持续发展 [J]. 中文科技期刊数据库（全文版）经济管理，2023（04）：35-38.

[25] 张艳芳. 浅论人力资源管理与经济可持续发展 [J]. 中文科技期刊数据库（全文版）经济管理，2023（04）：77-79.

[26] 闫桂珍. 人力资源管理与经济可持续发展的关联分析 [J]. 中文科技期刊数据库（全文版）经济管理，2023（04）：5-8.

[27] 华晓娜. 人力资源管理与经济可持续发展的探讨 [J]. 中文科技期刊数据库（全文版）经济管理，2023（04）：40-43.

[28] 王萍. 高速公路运营企业人力资源管理可持续发展分析 [J]. 商情，2022（45）：88-90.

[29] 杨晶莹. 浅谈人力资源管理与经济可持续发展 [J]. 商品与质量，2022（39）：19-21.

[30] 刘洋. 人力资源管理与经济可持续发展的解析 [J]. 销售与管理，2022（28）：90-92.

[31] 董朝艳. 加强企业人力资源管理促进企业可持续发展实践思考 [J]. 中外企业家，2022（27）：106-108.

[32] 魏联香. 谈人力资源管理与经济可持续发展 [J]. 商品与质量，2022（24）：40-42.

[33] 王洪平. 人力资源管理与经济可持续发展研究 [J]. 财经界，2022（23）：171-173.

[34] 王艺颖. 人力资源管理与经济可持续发展的关联性分析 [J]. 全国流通经济，2022（20）：74-77.

[35] 王雁伟. 人力资源管理在企业可持续发展中的作用 [J]. 全国流通经济，2022（18）：104-106.

[36] 陈江会，苗咏丽. 浅谈人力资源管理与经济可持续发展 [J]. 中国管理信息化，2022（16）：124-126.

[37]周苑纤.人力资源管理助力改制企业可持续发展[J].商场现代化，2022（15）：127-129.

[38]樊文瑾.浅谈人力资源管理与经济可持续发展[J].财经界，2022（15）：146-148.

[39]周剑.人力资源管理与经济可持续发展[J].大众商务，2022（14）：278-280.

[40]邱丽.人力资源管理与经济可持续发展的研究[J].全国流通经济，2022（14）：118-121.

[41]刘雄飞.人力资源管理与企业经济可持续发展思路探索[J].财经界，2022（13）：152-154.

[42]孟婷婷.人力资源管理在企业可持续发展中的重要作用[J].新晋商，2022（12）：55-57.

[43]佟丽云.人力资源管理与经济可持续发展研究[J].经济技术协作信息，2022（12）：53-55.

[44]王俊.浅谈人力资源管理与经济可持续发展[J].市场周刊（理论版），2022（12）：175-178.